LES SITES DE L'ÉCRITURE

COLLOQUE CLAUDE SIMON

QUEEN'S UNIVERSITY

Référence de la reproduction en couverture:

Vue de la ville de Kingston, Canada. Dessin de E. Whitefield (détail). Tiré de "Whitefield's Original Views of North American Cities", No.33. Kingston, 1855. Propriété de *Stauffer Library*, Queen's University.

Cette publication a été réalisée avec le soutien du Conseil de Recherche en Sciences Humaines du Canada (CRSH) et de l'Ambassade de France au Canada. Assistance technique: Mary Ann Mojsiuk et Clare Matthews.

LES SITES DE L'ÉCRITURE
COLLOQUE CLAUDE SIMON

QUEEN'S UNIVERSITY

Textes réunis et présentés

par

MIREILLE CALLE-GRUBER

CLAUDE SIMON

Ph. BONNEFIS • M. CALLE-GRUBER • A. CONACHER
B. FITCH • C. McGANN • M.C. ROPARS
G. ROUBICHOU • J.P. VIDAL

LIBRAIRIE A.-G. NIZET
PARIS
1995

ISBN 2-7078-1192-0

LES SITES DE L'ÉCRITURE

Mireille Calle-Gruber

> *J'ai l'impression de prendre plus pleine possession d'un site quand je peux le déchiffrer et considérer à mon aise une fois dressé devant mes yeux comme un mur, au lieu d'avoir à le regarder horizontalement en perspective de fuite.*
> Jean Dubuffet, *Bâtons rompus*

Au moment où paraît un recueil de la correspondance[1] qu'échangèrent entre 1970 et 1984 Jean Dubuffet et Claude Simon, il est éclairant de se reporter aux affinités qu'entretiennent les oeuvres du peintre et celles de l'écrivain. Cette proximité, Claude Simon s'est plu à la souligner à plusieurs reprises, notamment à propos de la facture de *Triptyque* dont il écrit à Dubuffet : "[...] la série "campagne" [...] était influencée par telles de vos peintures comme par exemple *La vie de famille*, la marée de *L'Hourloupe* ou encore *Les riches fruits de l'erreur*"[2]. Et plus tard, à l'occasion d'un texte que

[1] Jean Dubuffet et Claude Simon, *Correspondance 1970-1984*, L'Echoppe, 1994.

[2] Lettre de Claude Simon à Jean Dubuffet, 21 mai 1973, p.14.

l'écrivain publie dans *L'Humanité* (vendredi 9 décembre 1977)[3] sous le titre *Lieu*, texte qui est composé d'extraits de *Triptyque* et présenté avec deux reproductions de Dubuffet, *Vache au nez subtil* et *Jardin de Blèche Grignote*, et avec un commentaire dont je rapporte ces lignes:

> *Et si j'ai décidé aujourd'hui de réunir pour composer ce paysage qui m'est intérieur quelques passages de* Triptyque *fabriquant ainsi à partir du texte de ce roman déjà ancien pour moi, et par les mêmes procédés qui l'ont engendré (choix, exclusions, associations, contrastes, ordonnance) un autre texte, c'est que tout autant que par mes souvenirs d'enfance ils ont été suscités par la très vive impression ressentie à la vue d'un tableau de Jean Dubuffet [....]* [4].

Si je m'attarde à l'épisode de ces compositions et recompositions, c'est parce qu'elles me semblent exemplaires du travail de Claude Simon et de ce que, empruntant le terme à Dubuffet, je nomme ici *les sites* de l'écriture. A savoir, la profonde conviction — et en conséquence l'organisation soigneuse du texte — qu'une oeuvre s'écrit dans le jeu des rapports, des relations, des croisées qui constituent son tissu : ce tissu intime qui donne à l'oeuvre *évidence*. Présence irréductible. Et dont Claude Simon rappelle en ces lignes qu'il résulte d'un faire (défaire, refaire) — le processus de montage toujours recommencé — mais aussi d'un *désir* de faire : inspiré par d'autres arts plus que par de personnelles réminiscences[5].

Autrement dit, si le mot *site* comporte l'évocation d'un emplacement géographique, d'une aire de fouilles archéologiques ou d'examen géologique ou d'implantation industrielle, si le terme

[3] Voir *Correspondance*, p.18.

[4] *Ibid*.

[5] Voir, à cet égard, l'entretien avec Claude Simon : "Comme l'a très bien dit Malraux (que par ailleurs j'apprécie peu), l'envie de peindre (ou le désir), par exemple, n'est pas tant suscitée par la vue du monde, des choses, que par la vue des tableaux dans les musées (ou les galeries de peinture)". "L'inlassable ré/a/encrage du vécu" in: *Claude Simon. Chemins de la mémoire*, textes réunis par Mireille Calle, Grenoble-Québec, Presses Universitaires de Grenoble-Le Griffon d'argile, collection Trait d'union, 1993, p.17.

désigne l'espace d'un environnement précisément circonscrit dont la localisation permet une multiplicité de tracés cadastraux et d'occupations des sols, il importe surtout d'entendre que *site* se donne comme *lieu d'opérations et de configurations*. Pas quelque incommensurable paysage dans sa réalité immédiate brute, mais un lieu de lisibilité et (donc) de visibilité. Un espace aménageable/aménagé ayant son organisation propre. Car le corps y oeuvre (ou a oeuvré) et s'y déplace; des trajets, des empreintes y marquent (ont marqué) une *situation*, un ensemble de liens et de correspondances qui, pour être variables, n'en sont pas moins, à des degrés divers, repérables.

Lieu de pose et de dépôts, le site porte l'inscription de l'ouvrage et du temps à l'oeuvre, c'est-à-dire des mutations en cours. Le site est toujours déjà mémoire ou projet, affaire d'art et d'interventions techniques; son organisation affaire de points de vues et de visions. S'interroger, à propos de Claude Simon, sur les sites de l'écriture postule donc que c'est l'agencement textuel qui a pouvoir structurant et que c'est la richesse du rhizome relationnel qui est sa vérité; que les secrets à découvrir sont secrets de fabrication et que la vocation de l'art est de modifier le regard que l'on porte habituellement sur toutes choses. Il s'agit de décontenancer les conventions et le consensus qu'elles entraînent quant à nos représentations; de donner vue sur le monde par d'autres biais et, en conséquence, capacité d'étonnements. De faire entendre les langues que parle la matière en ses mitoyennetés, ses écart(ement)s, ses courants induits. *A l'usage*, de déconcerter les mots pour les faire travailler de concert à des arrangements inouïs.

Tel est, exemplaire, l'entrelacs subtil de matériaux, voix, thèmes, textes, que Claude Simon offre à notre lecture à l'entrée de ce volume, avec *Les jardins publics*, extrait du roman qu'il est en train de terminer : *un* extrait (et non *des* extraits) lequel constitue un plan précisément monté de l'oeuvre et présente, ainsi, les avantages du prélèvement tissulaire. A savoir, à la fois un effet d'ensemble — où le lecteur voit s'esquisser dans le délicat nouement des fils narratifs et du lexique ainsi localisés, des rapports de continuité-contiguïté entre les sites géographiques (Central Park à New York; le Jardin des Plantes à Paris), les sites mémoriels autobiographiques (la chapelle du collège; la chambre mortuaire de la mère) et les sites artistiques (visite à Picasso; débats à Cerisy) — et un effet de coupe — où les fils momentanément débranchés du réseau où ils conduisent (séquence de la femme marchant avec difficulté), restent en attente et font entendre à la lecture les grésillements de significations sans attendus, comme une promesse, ou le bougé d'une photographie, ou le second plan d'une prise au téléobjectif. Grésillements des significations auxquels d'autres précises localisations textuelles — avant, après, sous peu — donnent l'ancrage concret nécessaire à leur mise au point et à leur développement. C'est à dessein que j'emploie, ici, les termes qui désignent aussi bien le processus photographique que le geste d'écriture : car tels dispositifs disent assez qu'ils est moins question de savoir que de voir (Claude Simon, citant Jakobson: "Nous savons [...] mais nous ne *voyons* pas"[6]); et qu'à multiplier les accès au regard, à aiguiser l'oeil et à tendre l'ouïe, l'écrivain non seulement réinvente notre être-au-monde (nous qui sommes aveugles et durs d'oreille), mais fait voie, aussi, au mouvement même de la pensée.

L'extrait ci-après des *Jardins publics* manifeste ainsi que le texte littéraire est ce vivant organisme, fragile et irréfutable, variable et ordonnancé, auquel se reconnaît la marque de l'écriture simonienne. Et rappelle que les "jardins secrets" de l'autobiographie (comme il est convenu de dire) ne viennent à existence que dans le cheminement de l'écriture c'est-à-dire la fréquentation des livres et archives,la topographie de la langue, les liens de parenté artistique et les affinités électives des ouvrages.

Dès lors, dans ce dispositif pli sur pli des stratifications, c'est le rapport au temps qui, une fois encore chez Claude Simon, sera réinventé. Une fois encore un peu autrement sera *réaccordé* : comme pour un instrument de musique les intervalles de sonorités. Mais aussi: le temps sera accordé de nouveau. Soustrait pour être redonné selon une nouvelle donne: celle du temps de l'oeuvre, désormais. Une oeuvre tout employée à donner forme c'est-à-dire présent (présence) à l'éternité : non pas l'éternité du promontoire, abstrait, dématérialisé, mais l'éternité fugace de l'instant phénoménologique. De la faille, du clivage, du clin (d'oeil) qui fait passer, sans transition et par mille radicelles, d'un monde à un autre. C'est : *à l'instant* : des dépôts de l'écrit sur la page, de leurs combinaisons, de leurs

[6] Lettre de Claude Simon à Dubuffet, 21 octobre 1982, p.52. L'italique est dans le texte.

conduites intimes que la lecture dé-couvre. Il n'y aura plus de temps parce qu'il y aura tout le temps, ou plus exactement *tous les temps*, en la palette infiniment détaillée des temps grammaticaux que Claude Simon fait jouer, mariables, variables, com-posables à la manière des touches du peintre. Cette tenue à l'oeil des éléments et de leur devenir situationnel à la surface des feuillets du livre n'est pas sans parenté avec l'expérience que décrit Dubuffet dans *Bâtons rompus* :

> *J'ai l'impression de prendre plus pleine possession d'un site quand je peux le déchiffrer et considérer à mon aise une fois dressé devant mes yeux comme un mur, au lieu d'avoir à le regarder horizontalement en perspective de fuite.*[7]

Parenté que Claude Simon a pour sa part relevé depuis longtemps :

> *Je me rappelle quelle a été ma surprise de voir, en 66, à votre grande exposition d'Amsterdam,* ce Chemin bordé d'herbes, *ou ce* Pied du mur herbeux *ou encore* ce Court l'herbe sautent les cailloux, *peints par vous dans les années 50 où j'avais de mon côté tenté de faire la même chose avec des mots dans certains passages de* La Route des Flandres. *Quand mon bonhomme se retrouve à quatre pattes sur un chemin ou couché, le nez contre le pied d'un mur [....]*[8].

Cette absence de perspective est abolition de la hiérarchie des valeurs: elle permet la plénitude du *plain* sens qui peut ainsi se multiplier en tous sens et sans fin. Multiplier, c'est-à-dire, les liens d'espaces entre les choses.

A la suite de l'éblouissant travail de marquetterie que propose le texte de Claude Simon, une double composition organise les essais étudiant ces sites de l'écriture et constitue le double versant d'une même approche. "Composition I", à l'enseigne des *Géorgiques*, interroge le processus mémoriel qui, à l'oeuvre depuis près d'un demi-siècle, suscite les assemblages d'un roman toujours plus audacieux.

[7] Jean Dubuffet, *Bâtons rompus*, Editions de Minuit, 1986, p.42.

[8] Lettre de Claude Simon à Dubuffet, le 21 mai 1973, p.15.

Le roman simonien fait de toute mémoire une "mémoire en écriture" par quoi s'élabore, de livre en livre, un traitement narratif du vécu et, sous les contraintes du faire, la "remémoration des objets de mémoire" (Gérard Roubichou). Il organise les veines d'une géologie des textes et des inscriptions où le temps est épaisseur, les transformations de la terre histoire, l'arbre généalogie, et où quelque version latine porte à la tombe du père (Philippe Bonnefis). Les textes de Claude Simon, sans oublier l'oubli, laissent que les travaille l'entame du "passé sous silence" et savent se souvenir que la mémoire ne retient que ce qu'elle compose ; s'opère ainsi une "désindividualisation" telle que "je (lecteur) me souviens de ce qu'il (écrivain) a vécu" (Jean-Pierre Vidal). Autant de factures qui donnent corps et souffle à la lettre, et nourrissent le dess(e)in d'une "écriture géorgique" : où le roman fait terre, dans le labeur/labour de la page et la pousse, mot après mot, de la guirlande des frondaisons narratives (Mireille Calle-Gruber).

"Composition II", à l'enseigne de *la Route des Flandres*, questionne dans les textes de Claude Simon, le principe d'incertitude du savoir et du voir, et les mutations des formes qui en résultent. "Le chemin vers le haut et le bas est un et le même" (*hodos anō katō mia kai hōutē*)[9] : en suivant la voie d'Héraclite, la lecture de Catherine McGann rend compte de l'enjeu des transformations élementaires et des permutations que subit la matière romanesque; cependant que Brian T. Fitch analyse comment, dans *Histoire* en particulier, le dispositif de la mise en abyme, montant-démontant les savoirs et les visions, devient non seulement procédé structurant mais permet, imposant l'immédiateté d'images mentales, que "l'imagination prenne la relève de la mémoire". Deux analyses en regard font jouer avec fruit, sur ce point, la question de l'optique simonienne. L'"introvision", par quoi Agnès Conacher nomme la double vision où s'engage "destruction et reconstitution simultanée des lignes et des volumes" (Claude Simon), porte à lire à la jointure des formes et non-formes. Cependant que Marie-Claire Ropars-Wuilleumier, confrontant avec une pénétrante attention deux lieux voisins de construction romanesque, *Le Cheval* et *La Route des Flandres*, interroge "la déroute de la vision" dans l'écriture de Claude Simon et les effets connexes de dispositifs où vision fait division et voir semblance.

Il convient enfin de noter que le présent volume résulte d'une

[9] Hermann Diels, *Die Fragmente der Vorsokratiker*, Berlin 1903 (B 60).

situation singulière dont nous avons voulu garder trace en publiant l'allocution que le Prix Nobel de Littérature prononça à l'adresse des étudiants gradués et de la communauté scientifique de Queen's University. Le 30 octobre 1993, en effet, Claude Simon recevait le doctorat *honoris causa* de Queen's et un colloque, réunissant des spécialistes de son oeuvre et de jeunes chercheurs, était organisé en son honneur.[10]

Lors de son allocution, Claude Simon nous fit cadeau, tirée de son expérience d'écrivain, moins d'une leçon de morale que, pour reprendre le titre d'un de ses livres, d'une très belle *leçon de choses*: conseillant de se mettre à l'écoute des choses et de ce qui (se) passe en cours de travail, il invitait par suite à savoir changer un projet, cueillir un contretemps, saisir et faire fructifier l'advenir. Belle leçon d'intelligence que cette ouverture — et cette humilité — ainsi convoquées, qui sont la meilleure garantie de vitalité pour la pensée.

Ce n'est pas autre chose que cette vitale vertu de l'écriture que Dubuffet célébrait en admirant *Triptyque* :

> *Ici on ne finit pas. On peut faire usage du livre une vie entière. On peut le lire aussi en remontant de la fin au commencement. Il n'a pas un sens, il en a autant qu'on en veut. C'est un livre à utiliser comme un tapis de Perse. Ou encore comme un talisman, une boule de cristal. Il est d'un usage permanent. A tout endroit qu'on l'ouvre on est immédiatement transporté dans votre monde parallèle, votre monde homologue, où se trouvent abolis le petit et le grand, le léger et le lourd, le corporel et le mental, le départ et l'arrivée, le vide et le plein.*[11]

C'est cela, sans doute qu'on appelle l'enfance de l'art. Sa magie.

[10] Ce volume constitue une version remaniée et augmentée du Colloque de Queen's qui eut lieu les 29-30-31 octobre 1993, sous le titre "Ecriture et Mémoire".

[11] Jean Dubuffet à Claude Simon, lettre du 15 mai 1973, p.12.

CLAUDE SIMON

À

QUEEN'S UNIVERSITY

ALLOCUTION

Claude Simon

Je suis bien embarrassé d'avoir à prendre ici la parole dans de telles circonstances.

Tout d'abord je veux, Madame Chancellor, Monsieur le Principal, Monsieur le Recteur et Membres de cette très honorable Assemblée, remercier votre Université de l'honneur qu'elle me fait aujourd'hui en me conférant le titre de docteur *honoris causa*. Je suis à la fois extrêmement sensible et extrêmement gêné en ce sens qu'il me confère une sorte de respectabilité en même temps que des responsabilités un peu lourdes pour un homme qui, sa vie durant, n'a rien fait d'autre que de chercher à établir entre les mots et les choses qu'ils évoquent à notre esprit des rapports ou, si l'on préfère, des harmonies indifférentes, comme le dit Elie Faure, aux valeurs que les moralistes attribuent à ces choses ou à ces rapports.

Et voilà que cette robe dont je suis revêtu me fait l'obligation de parler à des jeunes gens et des jeunes filles d'une façon que la morale courante ne réprouve pas trop — du moins je l'espère car il se trouve que c'est bien souvent en enfreignant ses lois (ou tout au moins, comme Galilée et combien d'autres, en contestant certaines d'entre elles) que l'esprit humain s'avance, non pas nécessairement sur le chemin d'un "progrès," notion qui, du moins dans le domaine de l'art, est dépourvue de sens, mais au sein d'un mouvement général des idées et des sociétés dans lequel il n'est que stagnation, immobilité, répétition des mêmes formes, néant.

ALLOCUTION

Claude Simon

I feel somewhat embarrassed to be speaking here in such circumstances.

In the first place, let me Madame Chancellor and Mr. Vice-Principal and Vice-Chancellor express my gratitude to your university for the honor shown to me today in awarding me the title of Doctor Honoris Causa. I am at the same time both extremely grateful but also a little ill at ease in that the title imposes upon me a degree of responsibility as well as respectability. This is somewhat heavy for a man who has endeavour all his life to seek to establish between words and things those relationships that they conjure up in our minds, or if you prefer as Elie Faure says, undifferentiated harmonies to the values that moralists apply to these things or relationships.

And here I am, dressed in a gown that requires me to speak to you, young women and men, in a way that does not offend too much the current standard moral conventions. At least I would hope for this despite the fact that it is by the breaking of moral conventions or at least, like Galilee and many more others by contesting some of them, that the human mind goes forward; not necessarily in the direction of progress, a notion which at least in the field of art is devoid of meaning but amidst a general turbulence of both societies and ideas without which, the mind becomes stagnant, immobilised and repeats the same forms, void.

I am talking about movement, thus. To take part in it. If only in a very small way. Others, perhaps, more experienced than I,

Le mouvement, donc. Y participer. Ne serait-ce que de façon infime. D'autres, plus qualifiés que moi, diront peut-être dans quelles voies se diriger, dans quel sens. Pour ma part, je ne suis pas prophète. Tout au plus peut-on observer que ces mouvements de l'esprit sont imprévisibles: ils obéissent tantôt à des principes d'opposition (par exemple, en peinture, la rigueur du Cubisme succédant aux charmes irisés de l'Impressionnisme), d'autres fois à un principe de filiation, ainsi, toujours dans le domaine de la peinture, le tachisme ou l'abstraction lyrique se réclamant de l'Impressionnisme et, à ce sujet, je citerai la boutade d'un critique d'art rappelant que de leur temps (du temps des Impressionnistes) leurs rares défenseurs disaient, par exemple devant les "Nymphéas" de Monet: "Reculez-vous! reculez vous, et vous verrez que cela représente quelque chose!", tandis qu'aujourd'hui les tachistes qui se cherchent des ancêtres respectables disent aux gens en leur montrant ces mêmes Nymphéas: "Rapprochez-vous, rapprochez-vous, et vous verrez que ça ne représente rien!"

Que puis-je donc ajouter?

Jusqu'à maintenant, vous avez été guidés par ces excellents maîtres qui non seulement vous ont transmis un précieux savoir mais encore, avec patience et compréhension, corrigeant vos erreurs ou vos étourderies, vous ont aidés à ne pas vous égarer.

Mais à partir d'aujourd'hui, et quels que soient vos appuis, vos connaissances ou vos diplômes, vous devez savoir que vous allez être seuls. Seuls à chercher et à faire votre chemin dans cette société des hommes qui, même sous les régimes démocratiques où nous avons la chance de vivre, n'a pas pour ses membres cette indulgence et cette sollicitude qui vous ont entourés jusqu'ici, il s'en faut, et où aucun faux pas ne vous sera pardonné.

Il y a quelques années, j'étais, avec d'autres lauréats Nobel, invité à Paris par le Président Mitterrand à une rencontre, un échange d'idées, et je me rappelle les conseils que l'un d'eux, un scientifique, suggérait de donner aux jeunes. Ils étaient apparemment d'ordre essentiellement pratique et très prosaïques, tels que: tiens toujours tes affaires en ordre, lave-toi les mains, respecte tes horaires, ne remets

might point towards the paths to aim for, the directions to take. For myself, I am not a prophet. All things considered, one can only observe that the movements of the mind are unpredictable. They sometimes obey to rules of opposition (as in painting the rigors of cubisme follows the opalescent of the impressionists; sometimes they obey the rules filiation. And so, still in the field of painting, abstract expressionism or lyrical abstraction reclaim themselves from Impressionism. Continuing this theme, I will cite the witty remark of an art critic who recalls that, in their time (the time of the Impressionists) their rare advocates were saying, for instance in front of the "Water lilies" of Monet: "stand back, stand back and you will see that it represents something!", whereas today the abstract expressionists who are looking for respectable ancestors say to people before those very same "Water lilies": "move closer, move closer and you will see that it does not represent anything!".

What then can I add?

Up till now you have been guided by excellent professors who not only handed down to you an invaluable knowledge but also, with patience and comprehension in correcting your errors or careless mistakes, have helped you not get lost.

From today onwards and whatever your resources, knowledge or diplomas, you must know that you are going to have to rely upon yourself. Alone to make your way in this society of men and women who even under a democratic regime such as the ones we are lucky enough to live under, does not show for its members the leniency and the concern that you have been surrounded with up till now, far from it and where any wrong steps will not be easily forgiven.

Some years ago, along with some other Nobel prizewinners, I was invited to Paris by the president François Mitterrand to a colloquium, an exchange of views, and I remember the advice that one of them, a scientist was offering to young people. The advice was apparently of a practical order and quite prosaïc, such as: always keep your affairs in order, wash your hands, be punctual, do not leave until tomorrow what you can do today, and so on. And, indeed I could take this advice for myself, but I would however offer one

pas au lendemain ce que tu peux faire le jour même, etc., etc. Et, certes, je pourrais les reprendre à mon compte, mais en me permettant toutefois d'en ajouter encore un que, je pense, le scientifique en question ne désavourerait pas et qui, d'après mon expérience personnelle, est fondamental: c'est d'apporter dans tout travail l'observation la plus attentive au moindre imprévu, et, à l'exemple de Fleming alerté par les moisissures inattendues dans ses éprouvettes, loin de passer outre à ce qui semble un obstacle, paraît contrarier le projet initial, ne le rejeter qu'après l'avoir soigneusement examiné, sinon, bien souvent, en faire son profit, l'intégrer, autrement dit (et ce qui est loin d'être contradictoire), persévérer dans l'effort en sachant, comme me le disait Raoul Duffy, "abandonner le tableau que l'on voulait faire au profit de celui qui se fait."

Merci de votre attention, et bonne chance à tous!

further piece of advice, that I think the scientist in question would not disavow, and that from my personal experience, is fundamental: it is to bring in all tasks a very attentive observation of anything unusual, and by the example of Fleming alerted by the unexpected mould in his Petri dish, far from overlooking what resembles a setback, apparently thwarting the initial project, not to reject it without first examining it carefully, and so quite often turning it to one's advantage, integrating it. In other words (and that is far from being contradictory) persevere in your efforts while being able, as Raoul Duffy was telling me, "to abandon the painting that one hoped to paint for the one that is being painted before you".

Thank you for your attention and good luck to you all!

Translated by Agnès Conacher
and Catherine McGann

TEXTE INÉDIT

LES JARDINS PUBLICS
(extrait)

CLAUDE SIMON

... d'en haut, l'oeil découvre l'orgueilleuse débauche de lumières où le rectangle de Central Park dessine comme un îlot de ténèbres aux contours géométriques, vaguement insolite, dépeuplé. Une brume d'un bleu pastel délicat stagne, accumulée au fond des vertigineuses tranchées qui s'ouvrent entre les parois verticales et parallèles des hautes façades comme coupées au couteau dans une unique matière d'un brun noir. Elle enveloppe dans une transparence veloutée le flot docile des voitures semblable à quelque migration d'insectes. Précédées par les pinceaux de leurs phares, eux-mêmes veloutés, elles viennent s'accumuler aux croisements, s'immobilisent, repartent, s'égrènent, s'immobilisent de nouveau dans une sorte d'irréel silence, comme si le grondement qui s'élève de l'énorme ville, uniforme, étale pour ainsi dire, recouvrait ou plutôt absorbait indistinctement les millions de bruits confondus dans une unique et formidable rumeur, vaguement inquiétante, déchirée de loin en loin par le sporadique hululement de sirènes (police, ambulances, pompiers ?) croissant, s'exaspérant, stridents, ondulant, décroissant, mourant. Comme des cris de folles, d'oiseaux exotiques, ou les cornes de navires en perdition. Comme si la ville elle-même criait. Comme si, par intervalles, l'étincelant et orgueilleux amoncellement de cubes et de tours agonisait sans fin dans une sorte de diamantine apothéose, relançait de moment en moment vers le ciel opaque de longs signaux d'alarme, d'angoisse.

Dans le noir, on commence peu à peu à distinguer vers l'est une mince ligne rose qui s'étire, séparant le ciel de la mer de nuages. Elle s'élargit en s'étendant en même temps qu'elle change de couleur, un moment rouge feu, puis saumon, reflétée par le bord d'attaque de l'aile et l'ouverture arrondie des réacteurs. Tout est gris. La lueur n'a pas encore atteint la couche grumeleuse des nuages dont les moutonnements parallèles et monotones s'étendent à perte de vue, sans un trou, sans une fissure, glissant imperceptiblement sous l'avion qui semble suspendu, immobile, métallique et sans poids au-dessus de quelque planète gazeuse, de quelque astre mort, hors du temps et glacé.

Son arrivée à Paris en pleine année scolaire, ou plutôt à la rentrée de Pâques. Le tailleur du collège n'a pas eu le temps de lui livrer son uniforme et il porte encore ses culottes courtes lorsqu'on le fait appeler, pendant la classe de latin, au milieu de l'après-midi. Au parloir, il trouve son oncle, l'officier de cavalerie puis d'aviation à la retraite. Son visage épais, coiffé de son immuable feutre gris clair à bords roulés, est peut-être un peu plus rose que d'habitude, les bords des paupières peut-être un peu rouges. Il lui dit simplement que sa mère n'est pas très bien et qu'elle désire le voir. Il lui dit que ce n'est pas la peine qu'il aille chercher sa valise et des affaires, qu'il prenne seulement son imperméable et son béret. Ils se rendent en taxi directement du collège à la gare. A cette époque les trains partent encore d'Orsay, des quais en sous-sol d'où ils démarrent silencieusement. Ils sont seuls dans le compartiment de première classe aux banquettes et aux accoudoirs de drap gris clair, aux parois ornées de photographies en noir et blanc encadrées de baguettes d'acajou et représentant des monuments ou des paysages des villes ou des contrées que dessert la Compagnie: Le clocher de Rodez, Vue des bords de la Vienne, Le pont fortifié de Cahors, Vieilles maisons à Poitiers, Paysage du Cantal, Cathédrale de Bourges. Son oncle semble de mauvaise humeur, bougon, son visage de pachyderme comme gonflé. Il lui parle de choses insignifiantes, l'interroge sur sa nouvelle vie d'interne, ses professeurs, s'il s'est fait des camarades, lui fait remarquer la vitesse du train dont la ligne vient d'être récemment électrifiée jusqu'à Vierzon. C'est la première fois que le garçon dîne dans un wagon-restaurant et il admire la virtuosité des serveurs qui, en dépit des cahots, réussissent à tenir le plat d'une main, l'autre maniant la cuillère et la fourchette comme une pince. Le soleil décline sur la Sologne, son disque rouge haché par les silhouettes des arbres emportées vertigineusement. Revenus dans leur compartiment, le garçon hésite pour enfin poser une question sur sa mère. Son oncle ne répond pas tout de suite. Son visage maintenant presque violacé, congestionné, reste tourné vers la fenêtre derrière laquelle continuent à s'enfuir les silhouettes déchiquetées des arbres. A la fin il se tourne brusquement et le garçon peut voir les larmes qui brillent au bord de ses paupières quand il dit, presque en aboyant: "Ta maman est morte!". Entre chacun des poteaux qui les soutiennent les fils du téléphone courant le long de la voie fléchissent sous leur poids, remontent rapidement jusqu'au sommet du poteau suivant et s'incurvent de nouveau. Sous l'effet de la vitesse du train, ils apparaissent comme une suite de festons, dansants.

En se retournant sur leur selle, les cavaliers épuisés qui battent en retraite peuvent voir dans le ciel rose de l'aurore s'élever les petits avions d'observation ennemis. Ils semblent se détacher l'un après l'autre au-dessus de l'horizon comme des lucioles, comme les bulles d'une boisson gazeuse du fond d'un verre, le lâcher de ballons d'enfants, montant d'abord lentement, puis plus vite, grossissant à mesure qu'ils approchent, s'éparpillant en éventail, l'un ou l'autre se mettant parfois à décrire des cercles au-dessus d'un point.

Regardant venir leur mort en rose.

Picasso ressemble à un lapin (ce nez épaté, quelque chose dans la bouche aussi et cet oeil diamant de charbon curieusement inquiet, comme effrayé, ces regards en coin aussitôt détournés qu'il lance au visiteur abasourdi comme s'il guettait avec une sorte d'inexplicable angoisse, d'empressement, l'effet produit tandis qu'il se dépense en bons mots et en pitreries). Matins où dans le vaste rez-de-chaussée de *La Californie* (exotisme tapageur de ce nom même, évocateur de mirages hollywoodiens, qu'il n'a pas choisi, qu'il a conservé comme par une sorte de sarcastique humour, de dérision (ou simplement d'indifférence), de même que le vieux canapé de cuir, défoncé, dont s'échappent des touffes de crins et la pile de boîtes en carton étranglées par la ficelle qui les lie, posée au milieu du désordre sur une chaise de café comme un de ces bagages d'immigrants, et dont il prétend ne pas savoir ce qu'elles contiennent, que c'est là depuis qu'il a emménagé deux ou trois ans plus tôt, que c'est peut-être comme la machine à coudre et le parapluie et qu'il n'ose pas y toucher de peur que ça explose)... matins, donc, où il reçoit les admirateurs ou les solliciteurs que lui amènent des amis plus ou moins proches, écrivains ou marchands de tableaux : le soleil étincelant sur la luxuriante végétation du jardin (parc ?) au-delà de la baie *Belle Epoque* aux découpes de volubilis, la chaleur, les tenues légères des femmes, cette ambiance frelatée, vaguement équivoque, sensuelle et canaille propre à la Côte d'Azur : quelque chose de priapique, faunesque, à l'image de ces têtes cornues qu'il multiplie, répète à satiété sur les fonds émaillés d'assiettes ou soufflant dans des flûtes de Pan à côté de molles nymphes endormies. Pampres, bacchanales, et ces souvenirs de Poussin qui le hantent. Mélancolie. Thème des putains, du bordel et du vieillard voyeur auquel il reviendra de plus en plus dans ses dessins. Hétaïres moqueuses et masquées aux ombreux buissons jusqu'à ce que s'ouvrent entre les cuisses offertes, s'étalant comme des fleurs les lèvres des bouches cachées. Avec son crâne chauve cuivré par le soleil, sa couronne de cheveux argentés, ses bajoues comme sculptées dans du marbre, il fait penser à quelque sénateur ou riche patricien romain entouré de sa clientèle : affranchis, courtisanes, flatteurs, parasites, favoris, poète attitré comme celui qui se tient à demeure négligemment affalé sur le canapé défoncé, silencieux, dévisagent avec l'ennui des familiers les étrangers (intrus) de passage. Fête païenne. Petite toile ambiguë (provocation?) appuyée parmi d'autres contre le pied d'une selle : deux hommes barbus et nus, replets, l'un assis (jouant d'un pipeau ?), l'autre couché à ses pieds dans une pose d'odalisque (ou Narcisse), souvenir iconoclaste de Poussin encore : tête dans le bras replié, mais obèse (ivre ?). Endymion gras. A l'exubérante végétation du jardin répond une prolifération de peintures, dessins, sculptures, céramiques empilés à même le sol ou sur les meubles : profils à deux yeux, baigneuses montagnes, femmes architectures, natures mortes, crâne Zurbaran. La peinture non plus comme ascèse (Cézanne, Van Gogh) mais comme défi, acrobatie, tour de force (comme ces saltimbanques, ces forains équilibristes qu'il a peint dans sa jeunesse). Retombant toujours sur ses pieds. "Etonne-moi", lui a dit un jour Cocteau qui justement se trouve là (nez pointu, menton pointu, oeil pointu sortant de la boule de cheveux crépus, poignets de la chemise rabattus sur les manches de la veste comme c'est alors la mode chez les pédérastes). Virevoltant puis s'en va : long abrazo, tapes dans le dos. Il est à peine sorti que Picasso dit : "Vous avez vu cette vieille putain?". Rires gênés. Fait semblant de réfléchir et ajoute : "Au fond nous sommes tous de vieilles putains. C'est ce que j'ai dit l'autre jour à Chagall". Il porte une chemise noire à dessins (fleurettes, pois ?) gris, très échancrée, un pantalon de toile et des sandales. A l'ahurissement embarrassé des visiteurs, il met une fausse moustache, se coiffe d'un chapeau melon. On raconte que lorsqu'il a rencontré Chaplin ils n'ont rien trouvé à se dire et ont alors passé un moment à qui fera la plus belle grimace. Vieux peintre chinois venu lui offrir une série de lavis : éternels bambous stéréotypés, petit cheval mongol à queue d'encre de Chine fouettant. A la fin, exaspéré, Picasso dit : "Moi aussi je fais du Chinois !", va chercher un carton dont il sort une étourdissante suite de lavis : longues herbes d'un souple trait de pinceau sur lesquelles montent (s'accrochent) d'imaginaires insectes hérissés de pinces, d'élytres, de dards, de poils, de trompes, que le Chinois (visage maigre, osseux et jaune, barbiche blanche : pourrait avoir aussi bien quarante que quatre vingts ans) regarde en silence, hochant la tête. "Je le reçois parce qu'ils me l'envoient de Pékin, grogne Picasso en aparté : s'il venait de Limoges, je le foutrais à la porte !" (c'est l'époque où pour son anniversaire il a affectueusement envoyé au dictateur russe un dessin représentant une main tenant un verre de vin, avec comme légende : "A ta santé, Staline!"). D'un jeune couple de riches américains, elle et lui très grands, il dit après leur départ : "Il paraît que c'est leur lune de miel...", il élève une main au-dessus de sa tête et ajoute : "Il doit y avoir beaucoup, beaucoup, beaucoup de miel, non ?". Tailleur italien qui pendant tout ce temps court après lui pour prendre ses mesures : entre-jambes, taille, épaule, bras : "Ze vais vous faire oune costoume tout en couir. Tout noir. Oune costoume magnifico !" Picasso docilement immobile un instant dit : "C'est ça : oune costoume magnifico : ze vais pouvoir m'acheter oune motocyclette !" Le vestibule est encombré de grandes caisses plates en bois portant des inscriptions de douanes ou d'expéditeurs. On peut y lire : Sydney, Dortmund, Baltimore, Tokyo. Dehors, à l'ombre, sur le gravier, à côté du perron, sont rangées côte à côte deux grosses vieilles voitures américaines et une fourgonnette Peugeot, comme on peut en voir dans les campements de gitans. Quoiqu'elles soient propres, bien astiquées, l'oeil y cherche instinctivement des bosses ou des éraflures rouillées.

"Monsieur,

"Je viens de lire *La route des Flandres* avec une rigueur chargée de plaisir. Mais ce qui me frappe plus personnellement sont ces scènes si semblables à celles que j'ai vécues en 1940 que j'en demeure stupide (comme dit Racine). Voici : j'ai repassé en vitesse les 15 kilomêtres d'au-delà de la Meuse. Mon général (Barbe) s'est suicidé et je suis tombé dans une embuscade où mon compagnon (le colonel Rey) a été tué ou plutôt, comme vous le dites, assassiné. Cet épisode est fidèle dans le plus petit détail : la bière bue dans une cour d'auberge, le fantassin affolé que j'ai fait descendre d'un cheval de main et enfin même le cheval aux traits coupés monté par Rey.

"Vous souriez peut-être en lisant ces remembrances d'un vieux cavalier. S'il en est ainsi, je ne regrette pas ma lettre. Elle me donne l'occasion de vous faire mon compliment et de remarquer que les chevaux n'ont pas des pattes, comme les bêtes vulgaires, mais des jambes.

Signé : colonel Cuny, ex-colonel au 8e Dragons."

Cette lettre dont, par la suite, il arrivera à S. de faire état à des occasions différentes, suscitera des lectures et des réactions variées. Ainsi, au directeur d'un grand quotidien qui la publiera dans le cours d'une interview, des lecteurs, parmi d'autres, écriront:

"C'est avec indignation que j'ai lu les propos de C.S. sur la déroute des Flandres en mai 1940, mettant en cause la valeur militaire et l'honneur de mon père le colonel Rey, allant même, sans pudeur, jusqu'à le tourner en ridicule, etc..."

Ou encore:

"J'ai lu attentivement, et aussi avec indignation, les pages que vous avez consacrées aux combats menés à cheval par la 4e DLC, et en particulier par le 31e Dragons, commandé par le colonel Rey, etc..."

Par ailleurs, quelques années plus tôt, au cours d'un colloque sur le roman, la divulgation de cette lettre par S. avait suscité un autre genre d'émotion (d'alarme ?) : S. n'avait-il pas enfreint là les principes à la base d'un certain mouvement littéraire ? En rendant public un tel document, S. ne contrevenait-il pas aux théories dont se réclamaient les adeptes de ce mouvement ? Ne s'excluait-il pas ainsi lui-même de la communauté de pensée qui présidait aux recherches du groupe ? En montrant comment un texte doit être construit à partir des seules combinaisons qu'offre la langue ne se référant qu'à elle-même, Raymond Roussel n'avait-il pas ouvert (prescrit) au roman une voie dont on ne pouvait s'écarter sans retomber dans les erreurs (l'ornière) d'un naturalisme vulgaire? Etait-ce bien ici la place de S., attendu le lendemain, et l'invitation qui lui avait été faite n'avait-elle pas été lancée à la légère? Convenait-il de l'accueillir en tant que membre de la communauté ou plutôt de le considérer comme un occasionnel et douteux "compagnon de route"? Ne fallait-il pas en finir avec cette équivoque?

Comme le témoigne la bande enregistrée des débats dont la transcription fut publiée par la suite, ces questions donnèrent lieu à une intéressante discussion:

Une participante: ... Si on lit *La bataille de Pharsale* ou *La route des Flandres*, il y a des séquences qui suggèrent quelque chose de réel, même si ensuite, évidemment, elles ne prennent leur signification profonde et ne fonctionnent que par rapport à d'autres à l'intérieur du livre. Or, S. lui-même, qui sera bientôt parmi nous, m'a montré un jour une lettre qu'il a reçue d'un vieil officier de cavalerie ayant subi la défaite de 40 et disant à ce propos : "Comment avez-vous pu voir ça ? C'est exactement ce que j'ai vécu!". Ainsi, non seulement il y a illusion représentative mais même, dans certains cas, elle peut être carrément confirmée par une référence.

J.R.: Il me semblait que le diable dont vous vous faites l'avocat était tout de même plus malin. (Rires). S'agissant de théorie, les lettres d'un officier de cavalerie, je dois avouer qu'elles m'importent assez peu.

A.R-G.: Mais, et les billets de banque dont S. lui-même a donné ici des photocopies…

J.R.: Nous savons tous que l'une des illusions majeures dont la littérature doit se défaire est l'illusion de la projection […] Il n'est donc nullement curieux qu'un ancien officier de cavalerie se projette dans *La route des Flandres* […]. Il y a deux manières : éliminer la dimension littérale (ici par une projection qui remplace le texte par des souvenirs fantasmés), et se laisser fasciner par une prétendue "vie même"; éliminer la dimension référentielle (illusion pratiquement plus rare car elle est à contre-courant de l'idéologie régnante) et se laisser fasciner par la pure matérialité d'un ensemble ordonné de lettres. La première serait l'illusion référentielle, la seconde l'illusion littérale.

La participante: Mais alors, je suis tout à fait d'accord avec vous…

J.R.: Permettez-moi de ne pas l'être tout à fait en revanche: il y a entre nous, à moins d'une bien rapide volte-face de votre part, un certain officier de cavalerie au témoignage duquel nous n'attachons pas la même importance. Je n'ignore pas que ce problème est délicat et que R-G. a raison de le faire rebondir avec les photocopies. Ce qui est donné par S., ce sont les référents de la fiction : cela ne veut nullement dire que la fiction obtenue par le texte est l'équivalent du référent donné à titre documentaire.

A.R-G.: Nous sommes d'accord avec vous, en réalité, R. A chaque fois qu'on vous tend des "pièges" comme ceux-là, c'est pour vous faire préciser le problème : personnellement, je trouve en effet que vous répondez très bien (Rires). Il est évident d'autre part que, comme vous l'avez fait remarquer un peu plus tôt, chacun d'entre nous est soumis à des tentations vers une certaine référentialité et que S., parmi nous, est le seul qui éprouve le besoin de laisser afficher au mur le billet de banque référent […]

Un intervenant : Je voudrais préciser que le référent du texte chez S. est en partie le billet de banque, mais en partie seulement. Il est en partie, également, le référent du signe qu'est le billet de banque. Il y a dans le texte une sorte de confusion qui s'établit entre le référent du billet de banque et le billet de banque en tant que référent. Le résultat, je crois, ce n'est pas de valoriser le référent mais au contraire de le dévaloriser.

A.R-G.: Il n'en reste pas moins que S. nous donne constamment ces référents. [...] Donc, il faut bien croire que S. accorde aux référents une importance supérieure à celle que font les autres romanciers de cette réunion.

Sans fin, au vitrail colorié de la chapelle du collège, l'officier des zouaves pontificaux s'effondrait en arrière, sans fin le sabre échappé de la main encore levée tombait vers le sol, sans fin le choeur des voix juvéniles continuait à s'élever vers les voûtes aux arceaux décorés de losanges tandis qu'au tintement cristallin des clochettes et dans les lourdes odeurs d'encens les élèves se levaient, s'agenouillaient, baissaient la tête, se relevaient, tournaient une nouvelle page des livres de cantiques à la couverture entoilée vert sombre. Assis de loin en loin dans des cathèdres surélevées, vêtus de soutanes noires, les prêtres veillaient à la bonne tenue des garçons et ponctuaient à l'aide de claquoirs de bois les différentes phases de l'office.

Une femme aux formes monstrueuses descend péniblement l'escalier en s'aidant de ses cannes. En toute saison elle est indifféremment vêtue d'une sorte de cache-poussière gris, coiffée d'un chapeau tyrolien noir et porte sur le côté une musette dont la courroie traverse en sautoir sa poitrine et son dos. Elle progresse d'une marche à l'autre avec ce lent et patient acharnement que l'on peut observer chez certains insectes ou animaux à carapaces, scarabées ou crustacés, posant chaque fois avec précaution ses pieds aux chevilles enflées, à peu près de la grosseur d'une cuisse d'enfant, enfermées dans des bas de laine gris tassés en accordéon. Il se dégage d'elle une fétide odeur de linge sale qui reste suspendue dans l'air bien après son passage. Sous la visière du chapeau tyrolien, les yeux disparaissent derrière les reflets qui jouent sur les verres des lunettes entre lesquels se recourbe un nez court, semblable au bec d'une chouette, entre des masses de chairs flasques. Lorsqu'un autre habitant de l'immeuble monte ou descend l'escalier, elle se range tant bien que mal contre la rampe, laissant entre son corps et le mur un étroit passage, disant Passez donc je vous en prie vous allez plus vite que moi. Parvenue dans le vestibule, elle progresse lourdement, penchée en avant, le poids de son buste reposant sur les deux cannes dont elle tient les poignées, traînant derrière elle ses jambes pareilles à des poteaux qui semblent non pas soutenir son corps mais pendre comme accrochées de part et d'autre de sa croupe oscillant à la façon des canards. Contrastant avec la masse informe, la voix est claire, simplement un peu lasse, ne laissant percer ni agacement ni tristesse.

Longtemps il gardera l'image de ce sabre levé, brandi à bout de bras dans l'étincelante lumière de mai, cavalier et cheval semblant basculer, s'écrouler sur le côté comme au ralenti, comme ces figurines de plomb, artilleurs, fantassins, cavaliers qu'il faisait fondre, enfant, à la chaleur des flammes dans la pelle à feu, commençant à se dissoudre par la base, les fiers sabots, les fines jambes de la monture s'inclinant peu à peu, s'affaissant dans la petite mare de métal liquéfié semblable à du mercure sur laquelle flottait une pellicule noirâtre de fines scories, cheval et cavalier toujours soudés l'un à l'autre, le sabre se liquéfiant en dernier. Le plat de la pelle à feu s'évasait en forme de tulipe avec un rebord allant s'amincissant, de sorte que lorsqu'on l'inclinait légèrement sur le côté le métal fondu coulait dans le baquet rempli d'eau froide d'où s'élevait dans un bref chuintement un faible nuage de vapeur. Les précipités que l'on retirait ensuite avaient des formes de nébuleuses, plus ou moins griffues, écumeuses, chacune des griffes terminée par une petite boule argentée, comme les perles d'une couronne.

Arrivés en vue du chantier et sans qu'aucun ordre ait été donné, les prisonniers rompirent leurs rangs et se mirent à courir, du moins de cette façon assez grotesque dont peuvent courir des hommes embarrassés dans leurs uniformes dépenaillés, couleur de terre, sales, les pans de leurs capotes ou de leurs manteaux à moitié boutonnés fouettant leurs jambes, se déhanchant comme des canards dans une sorte de parodie de course, battant l'air de leurs bras, certains chargés des musettes dont ils ne se séparaient pas, luttant entre eux de vitesse, cherchant maladroitement à se dépasser, leur file égrenée derrière les plus agiles venant buter, s'agglutiner à la porte de la baraque aux outils où, pour entrer, ils échangeaient parfois des coups, s'injuriant.

(La première fois, S. ne comprend pas. Il regarde avec ahurissement, moqueur, cette inexplicable et sauvage ruée. Lorsque parmi les derniers il pénètre dans la baraque il ne reste plus que des pioches.)

Le travail consiste à ouvrir une profonde tranchée au fond de laquelle, au fur et à mesure de son avance, une équipe enfouit les buses d'une canalisation. Debout de place en place, l'arme à la bretelle, les gardes se tiennent immobiles ou vont et viennent avec ennui, poussant parfois un cri guttural et agitant un bras lorsqu'ils voient un prisonnier immobile. A part cela, ils ne semblent pas se soucier des progrès du travail que dirigent de vieux contremaîtres civils aux visages fatigués et tristes coiffés d'une casquette à visière de cuir, et leur seule fonction est de veiller à ce qu'aucun prisonnier ne paresse. La journée de travail est de deux fois quatre heures, coupée à midi pour permettre aux prisonniers d'avaler une soupe. A cinq heures ils sont ramenés au camp.

Il fit très beau cet été-là et beaucoup de prisonniers travaillaient le buste nu. La plaine saxonne aux molles ondulations s'étendait sous le soleil, plantée çà et là de maigres bouquets de pins. Le second jour, malgré ses jambes qui se dérobaient sous lui, S. courut aussi de toutes ses forces pour arriver dans les premiers à la baraque à outils où, frappant autour de lui, il réusssit à se saisir d'une pelle.

Chapelle ardente dressée dans la petite pièce tapissée de bleu qui servait habituellement de passage et où, dans un décrochement, elle avait fait poser un rayonnage pour les livres. On avait déjà fermé le couvercle du cercueil et la pièce était remplie de l'odeur suffocante et poivrée des fleurs mêlée à celle des cierges allumés. C'est seulement alors qu'il se met à pleurer. Il y a, au pied du cercueil, un prie-Dieu où on lui dit de s'agenouiller. Quelqu'un se penche sur lui en passant le bras autour de ses épaules et lui dit que sa maman est maintenant heureuse, qu'elle ne souffre plus. Peut-être qu'il pleure seulement parce que toutes les personnes autour de lui ont des visages tristes et des yeux rougis. On a oublié de décrocher du mur une gravure représentant le supplice d'une vestale que l'on s'apprête à enterrer vivante. La fosse est ouverte et la Vestale a déjà posé un pied sur le deuxième barreau de l'échelle qui s'enfonce dans le trou creusé par les fossoyeurs que l'on peut voir, armés de leurs pelles, prêts à la recouvrir de terre lorsqu'elle s'y sera étendue. Elle rabat sur sa tête le voile dont elle est enveloppée dans un geste d'affliction (ou peut-être, a-t-il souvent pensé lorsqu'il regardait cette gravure, pour éviter que la terre que l'on va jeter sur elle ne lui entre dans la bouche ou dans les yeux). Outre les deux fossoyeurs, le Grand-Prêtre à la mine sévère qui se tient au bord de la tombe et les licteurs aux cuirasses de métal se trouvent de nombreuses personnes vêtues de toges, dont sans doute la mère de la Vestale représentée à demi évanouie, soutenue par deux femmes, parentes ou servantes. Cette gravure lui a toujours inspiré une sorte de fascinante horreur. Dans la bibliothèque se trouvent uniquement des livres aux reliures anciennes, aux dos de cuir ornés de fleurettes stylisées, gravées au fer et dorées à la feuille. Elle contient les oeuvres complètes de Jean-Jacques Rousseau et l'*Histoire des Girondins* en plusieurs volumes illustrés. Il se souvient d'une image représentant un homme en redingote, chaussé de courtes bottes à revers et monté sur une chaise dans les jardins du Palais Royal, haranguant la foule. Pendant le déjeuner qui réunit la famille, presque personne ne parle, sauf pour lui demander comment il trouve sa nouvelle vie de collège et s'il aime Paris. Après le déjeuner et pendant qu'on sert le café au salon, il se demande s'il ne devrait pas remonter et aller de nouveau s'agenouiller sur le prie-Dieu. Il n'en a pas envie, mais il pense que c'est peut-être ce que l'on attend de lui. Heureusement, on lui dit d'aller au jardin avec sa jeune cousine. Au centre se trouve un palmier aux feuilles en forme d'éventails et pointues comme des épées, au tronc d'un brun foncé, d'une matière rêche, comme du crin. Un grand acacia qui pousse au coin de l'un des bâtiments étale au-dessus ses branches et ses feuilles semblables à des plumes que les souffles d'air soulèvent et laissent mollement retomber.

Le Jardin des Plantes, situé à Paris dans le cinquième arrondissement, offre au regard du promeneur une gamme variée d'arbres d'essences les plus diverses: acacias, érables, pins d'Alep, platane d'Anatolie, arbre de la Passion, paulownia dont les basses branches s'étalent jusqu'à terre, frênes, peupliers d'Italie, etc. Dans les bâtiments du Muséum sont exposés les squelettes d'animaux géants tels que baleines ou monstres préhistoriques, des cristaux, géants eux aussi, et des collections de minéraux : porphyre, basalte, onyx, cornaline, obsidienne, silex. Le Jardin Zoologique abrite des loups, des biches, des bisons, des gazelles, des ours, des grands-ducs, des singes et dans un pavillon où règne une tiédeur fétide des caïmans, des tortues de mer, des boas et des pythons dont les écailles brunes et couleur de sable dessinent des formes géométriques. De quelque cage un invisible oiseau exotique lance à intervalles réguliers un long cri discordant qui s'élève à travers les épaisses frondaisons comme un ricanement strident, imbécile et catastrophique, se déploie par degrés, s'étire et retombe en cascade. Dans les allées, des promeneurs, des coureurs aux maillots multicolores, des enfants...

COMPOSITION I

...et encore une fois croyez-vous que j'aie
tant d'années à jeter par les fenêtres ?...
Les Géorgiques

L'ÉCRITURE GÉORGIQUE:
OÙ LE ROMAN FAIT TERRE ET MÉMOIRE

Mireille Calle-Gruber

> *...et encore une fois croyez-vous que j'aie tant d'années à jeter par les fenêtres?...*
> *Les Géorgiques*

Une césure saisissante ouvre *Les Géorgiques*, ouvrage de Claude Simon qui annonce, au titre de Virgile, à l'enseigne du poème latin, un "roman". Et si j'emprunte à la poésie le mot de *cesura*, cette coupe ou "pause dans l'intérieur du vers venant après une syllabe obligatoirement accentuée», pour désigner l'espèce de brèche, d'intervalle, de syncope qui marque, entre le prologue et la première Partie, l'attaque (comme on dit en musique) du roman, c'est à dessein, bien entendu.

Car le hiatus monte en voisinage contradictoire une suite descriptive, puis une suite événementielle. D'abord la description d'un dessin "à l'antique":

> La scène est la suivante : dans une pièce de vastes dimensions un personnage est assis devant un bureau, l'une de ses jambes à demi repliée sous son siège, le talon du pied soulevé, le pied droit en avant et à plat, le tibia formant avec la cuisse

> horizontale un angle d'environ quarante-cinq degrés, les deux bras appuyés sur le rebord du bureau, les mains tenant au-dessus une feuille de papier (une lettre ?) sur laquelle les yeux sont fixés. Le personnage est nu. [...] Un second personnage plus jeune, nu lui aussi, se tient debout de l'autre côté du bureau, dans la pose classique de l'athlète au repos [...] De même que les corps nus sont dessinés avec une froideur délibérée détaillant des anatomies stéréotypées apprises sur l'antique, les objets qui les entourent, la pièce où se tiennent les deux personnages, sont figurés avec cette sècheresse qui préside à l'exécution des projets d'architectes proposant aux regards non pas des monuments déjà existants mais des combinaisons et des assemblages de formes nés de leur imagination, ne renvoyant qu'à eux-mêmes [...][1]

Après quoi vient le récit événementiel d'une suite d'actions que la cadence du cumul parataxique apparente aux "travaux" — au sens mythologique: herculéen — épreuves, exploits:

> Il a cinquante ans. Il est général en chef de l'artillerie de l'armée d'Italie. Il réside à Milan. Il porte une tunique au col et au plastron brodés de dorures. Il a soixante ans. Il surveille les travaux d'achèvement de la terrasse de son château. Il est frileusement enveloppé d'une vieille houppelande militaire. Il voit des points noirs. Le soir il sera mort. Il a trente ans. Il est capitaine. Il va à l'opéra.[...] Il écrit plaisamment à un ami qu'il a pris trop d'embonpoint pour sa petite taille de cinq pieds neuf pouces. En 1792 il est élu à la Convention. Il écrit à son intendante Batti de veiller à regarnir les haies d'épine blanche [...] (p.21-22).

Ce hiatus qui fait suivre la statique scène d'ouverture par l'épique narration signale que se contractent des alliances hors genres et que l'écriture du roman sera ici placée sous la coupe de la coupe. Pour

[1] Toutes les références renvoient à Claude Simon, *Les Géorgiques*, Editions de Minuit, 1981. Comme le roman de Claude Simon fait jouer les corps typographiques, les citations de cet essai ne suivent pas la codification en vigueur dans le reste du présent ouvrage.

ce faire, que la prose romanesque portera frappe poétique : c'est-à-dire *poiétique* : l'empreinte d'une facture en ses contraintes.

Il ne s'agit à aucun moment de mêler roman et poésie, de rehausser le premier par la seconde : le dispositif vise à tenir le roman sous la coupe de l'interruption c'est-à-dire de la médiation des rythmes. A lui *donner du corps*. Un maintien, une tenue : de phrasé, de voix.

Telle est la signification, en ouverture, d'une lecture métaphorique. Ouverture qui se lit métaphore de la facture de l'oeuvre. Car c'est le passage par l'atelier que propose la description du dessin à l'antique. Cette scène constitue moins une scène qu'une lecture du métier qui met en scène : mise en scène d'une mise en scène déjà. Moins le souffle du vivant modèle que la stature de l'art; moins une représentation (une image) qu'une com-position signifiante : de traces, de gestes, de repentirs qui fait d'un tel dessin un "code d'écriture" (p.13). Le narrateur prend soin de le préciser : l'inachèvement n'est pas un accident ; il est la fin même de l'oeuvre: "[...] il ne s'agit pas là d'une toile inachevée, mais d'une oeuvre considérée par son auteur comme parfaitement accomplie [...]" (p.16). Les tracés signifient ; le texte se déclare *indicatif* et non pas représentatif (p.13, 16).

Toute une esthétique s'entrevoit ainsi au seuil du roman dont elle livre la clef de lecture : l'oeuvre, loin de thésauriser, est travaillée d'interruptions et d'interactions, travaillée c'est-à-dire par un processus de *perte* qui est le temps à l'oeuvre ; le temps *de* l'oeuvre. En cours. En train de faire et de *se* faire. C'est une perte paradoxale car *constitutive* de l'ouvrage dont elle rythme l'ensemble. Ou plutôt dont elle impose, avec une impressionnante rigueur, toute l'économie sur persque cinq cents pages que compte le volume, organisant l'alternance des récits et leurs altérations réciproques. Récit du régicide révolutionnaire devenu général d'Empire, qui écrit des lettres géorgiques mais aussi militaires, politiques et des mémoires ; récit du combattant volontaire engagé dans la guerre d'Espagne ; récit du cavalier dans la débâcle de 1940, qui est aussi le narrateur-biographe, écrivain-écrivant dont la main, éclairée "*d'un jour frisant*", "*feuillette les cahiers format registre aux pages couvertes d'une écriture régulière*" (p.24) — cahiers qu'il a hérités de l'ancêtre général d'Empire, et qui ont été découverts derrière une tapisserie au motif de guirlandes de feuillages.

L'économie à l'oeuvre contracte et court-circuite les épisodes; agence l'architecture des corps, diégétiques, typographiques. Après le prologue, ouverture-ouvroir, cinq parties modulent la scansion du livre. Partie I: staccato des récits en entrelacs. Partie II: lento, monocorde, du récit d'une défaite annoncée. Partie III: reprise, presto, des récits entrelacés. Partie IV: lento monocorde du récit d'une révolution inaboutie (Espagne 1936) Partie V: staccato des récits entrelacés (en dominante: la Révolution française, les frères ennemis) avec, au terme du volume, tressées serrées, travaux de terre travaux de guerre, les lettres géorgiques et les lettres militaires. Puis au final, ultime phrase du livre, LSM en solo, dans un tenu de la voix — poignante d'être ainsi inter-jetée, au bord de la page blanche, et, derrière, toute la masse d'écrit:

> "[...] *et encore une fois croyez-vous que j'aie tant d'années à jeter par les fenêtres*?..." (p.477; les italiques sont dans le texte)

Force de l'oeuvre quand fait brèche, dans la forme finie, l'infini.

Voilà en quoi, d'abord, *Les Géorgiques* de Claude Simon est un roman du temps à l'oeuvre, c'est-à-dire le lieu d'un déplacement et d'une réflexion. Déplacement d'accent(s) : par quoi réinscrire "géorgiques" au titre de l'autre c'est, d'un bougé de la main qui tient papier et style, dire qu'il n'y aura jamais que de l'ouvrage *à* l'antique. A la manière de. De Virgile à Claude Simon, la même enseigne déstabilisée, dés-oeuvrée, instaure *l'oeuvre-comme*. Et : *comme* une oeuvre. Oeuvre d'oeuvre. Non pas d'après nature ces géorgiques simoniennes, mais d'après l'art. Au titre du chant virgilien, le roman contemporain fait donc ici, pour commencer, la critique du roman. Du genre romanesque qui expose son pré-texte : qu'il est le produit de lectures et d'écritures ; que ces travaux des champs sont un labeur, un labour de l'écriture. C'est ce que symbolise l'activité épistolaire de l'ancêtre qui, pendant près d'un demi-siècle de tribulations à travers l'Europe qu'il "sillonne", "moissonn[e] les champs en esprit" (p.366):

> [Il] labourait, plantait par procuration, usant non de charrues ou de herses mais de cette encre brune, couleur rouille, sur le

> papier grenu des innombrables lettres envoyées à Batti [...] (p.377).

L'écriture romanesque sous la coupe de la coupe et qui ne souscrit plus au trompe-l'oeil ni à l'illusionnisme de la représentation, consacre désormais son travail à l'organisation du simulacre de l'art; simulacre qu'emblématise la référence au théâtre à l'antique : à savoir la scène où se jouent, par l'intermédiaire de "personnages réels et sans pourtant plus rien d'humain, vêtus de péplums ou d'armures" (p.228), des délégations, des inter-cessions, des trans-missions d'ordres, seul processus à ouvrir au monde de l'art — un monde "sans commune mesure avec celui des apparences" (p.229).

C'est dans ce mouvement de transport généralisé que s'inscrit l'envoi des lettres géorgiques du Général. *Poiésis*, qui donne au roman souffle organique, constitue aussi une adresse au lecteur : au corps lecteur; qui s'essouffle dans la traversée des perméables parenthèses, est saisi de vertige par l'allure narrative, reprend haleine aux césures, participe aux/des transports de cette physique du texte. Coupes et rythmes donnent à lire, à travers des comportements (diégétiques historiques), le *portement*, au sens ancien de maintien, *le port* des corps. Toute une corporéité : densité, carrure, résistance physique. Mais aussi: de la lettre, la frappe ; du tracé, la pression; de la pensée, le poids. Telle est bien, rythme c'est-à-dire empreinte et passage à la forme, l'essence de la littérature. A la forge de l'écriture, la matière en sa finitude forme organisme, *croissance*. Pousse infinie. Où *géorgique* devient le nom de l'écriture même : un travail de pousse.

C'est pour cela, sans doute, que l'émotion est ici particulièrement (r)affinée : elle est, comme toujours chez Claude Simon, mais en ce cas avec une acuité singulière, l'émotion de l'écrire. L'infime et puissante motion de la main qui fait trace, tracés, labours, labeurs. Travaux minuscules poussant mot après mot. Travaux fabuleux qui font pousser partout des significations, des vies de personnages — "personnages réels et sans pourtant plus rien d'humain". Tel est, en effet, le statut — la statue, "les quatre cents livres de marbre" (p.203) du buste à l'antique — de l'ancêtre dont il ne reste que les fragiles écrits. Lesquels remettent en mémoire, à chaque page, que l'imposant édifice du livre ne tient qu'à l'infime poids de la main à l'oeuvre:

> [...] les phrases, les traces laissées sur le papier par les mouvements de troupes, les combats, les intrigues, les discours, s'écaillent, s'effritent et tombent en poussière, ne laissant plus sur les mains que cette poudre impalpable, couleur de sang séché. Il écrit [...] (p.76).

A l'image des ordres inlassablement donnés-écrits par l'ancêtre pour la mise en oeuvre des terres, advient dans le texte une remise en ordre qui n'a de cesse. Le roman y devient véritablement *organum* — "problématique assemblage", "fragile, éphémère et prodigieuse organisation" (p.158). Toute une architecture *concertée* en régit avec soin les points de montage et de disjonction, suivant une nécessité interne, l'ordre à soi de l'écriture, c'est-à-dire le partage textuel qui s'indexe sur la temporalité du travail en cours et non sur quelque temps diégétique ou sur quelque chronologie établie. Les croisées internes sont lieu de croissance, de potentialités où affleure une aptitude prosaïque à faire sens en tous sens. C'est, avec Claude Simon, *Les Géorgiques : à la lettre*.

Les Géorgiques: à la lettre

Ce roman est question de transport. De métaphore. L'écriture métaphorique assure les moyens du continuel déplacement qui fait fermenter le sens : qu'il s'agisse du transport de la main avançant sur la page , de celui qui assure la circulation géographique et narrative des protagonistes, ou du transport de l'imaginaire. Par quoi l'industrieux génie, militaire et civil, qu'est LSM, se trouve, toujours, *ici et ailleurs* — ailleurs par l'ici paginal —, moissonne en esprit et par procuration quand il est à la guerre, et lorsqu'il est aux champs rédige des Mémoires ou des Souvenirs (p.373). Au commencement de l'action, il y a l'acte d'écriture qui donne son *placet* : non seulement les commandements quant à "ce paysage, [...] ces halliers qui pendant toutes ces années n'avaient existé pour lui que comme des choses pas tout à fait réelles, sans autre matière que l'immatérielle mémoire, abstraitement figurée, sur ce plan qu'il emportait partout avec lui" (p.377), mais aussi les ordres de combats ou de cantonnements qui font l'objet d'envois épistolaires dont le texte, dans le même corps typographique, fait pendant au texte champêtre — "assemblages de mots qui par le seul effet d'un peu d'encre rose sur un morceau de papier réussissaient à faire avancer et vaincre des armées épuisées [...]" (p.396).

Il y a davantage, car au transport épistolaire s'attache une ambiguïté destinale : les lettres de l'ancêtre, adressées à Batti ou aux Conventionnels ou aux Chefs d'Armée, au terme d'un incroyable différé, lui reviennent à lui, l'héritier-lecteur-biographe qui en reçoit comme une incitation à écrire. Dès lors, erreur et pertinence, l'envoi des lettres, reçu tel *un présent/cadeau* du *passé*, travaille au corps l'écriture romanesque : comme si l'ancêtre écrivait, par-delà le temps, à l'arrière-arrière-arrière-petit-fils écrivain. Lequel a pour tâche non plus d'*y* répondre mais d'*en* répondre. D'endosser ces écrits par sa signature.

L'écriture, de fait, maintient l'existence. Et les récits ensemble. La succession syncopée-articulée des textes fait ainsi de leur répartition une partition. Partition des voix ; partition de l'espace paginal — ponctué par la répétition de l'insert : "Il écrit", auquel fait pendant le syntagme "O raconte", venu d'une autre histoire (la guerre d'Espagne), d'un autre temps. D'un autrement dit. Par suite, plus de visions sans di-visions ; plus de positions sans com-positions. Pas de bouts (de textes) sans boutures, ou greffes qui, avec le jeu des contextes (décontextualisation-recontextualisation) se mettent à *pousser ensemble*, forment concrétions (*cum crescere*) et concrets passages.

L'écriture maintient que quelqu'un *a été*. Témoigne, télescopant Antiquité et Temps modernes, idylle et chant funèbre : c'est alors une écriture arrachée à l'effacement ; écriture-épitaphe à déchiffrer laborieusement, comme l'inscription sur la tombe de Marie-Anne (première femme de LSM, jeune morte). C'est, à mon sens, une des descriptions les plus sublimes du volume en ce qu'elle tente la recomposition lettre par lettre du texte gravé *contre* la décomposition des corps, des feuilles mortes, d'un cimetière dispersé; c'est-à-dire, littéralement, donne à lire le poème-épitaphe *dans* la décomposition de ses vers fragmentés et dans leur dissémination en îlots de corps majuscules sur le cours de la narration en corps typo minuscule:

> [...] lisant au fur et à mesure que son doigt suivait les lettres alignées MARIE ANNE... puis grattant la pierre de l'ongle, effritant les écailles jaunes des lichens, disant HASSEL..., la

> fin du nom tout à fait effacée, la pierre à cet endroit éclatée, les caractères redevenant lisibles un peu plus loin AUX BEAUX JOURS DE LA GRECE, puis la main aux doigts carrés comme des pelles, aux ongles noirs, descendant d'un cran, se déplaçant de nouveau de gauche à droite, d'un mot à l'autre, DANS SPARTE (la pluie continuant à tomber [...] (p.163).

Dans le labeur archéologique, la main devenue outil jardinier fait lever de la terre l'ultime adresse — adresse antique comme les sentiments humains, ou plutôt les sentiments copiant les formules livresques "sur l'antique". Adresse à l'épouse aimée qui télescope les époques séculaires cependant que cède sous les semelles le "magma végétal en train de se décomposer" (p.162), l'inscription de mort (en) capitale(s) littéralement *surnage* dans la débâcle des sols, des temps, des littératures:

> [...] AURAIT ÉTÉ CITÉE AVEC ORGUEIL, le doigt descendant encore d'un cran, faisant rapidement tomber une plaque de mousse (la pierre au-dessous incrustée de terre brune), la voix épelant de nouveau ELLE EUT (et toujours la pluie multiple, infinie, ce grignotement menu, comme la matérialisation, la mise en bruit pour ainsi dire, de millions et de millions de nombres, de décimales contenues entre les claquements sonores, scandés, des grosses gouttes de plus en plus rapprochées, le temps découpé en millions de millions d'infinitésimales fractions, de secondes, d'années, de siècles ...) EN TOUT PAYS, SOIT BERGERE OU PRINCESSE..., l'idiot toujours agenouillé redressant son buste, se retournant d'un bloc, dévisageant le visiteur, répétant avec une sorte de ferveur, de violence: PRINCESSE ! puis redisant ou plutôt concassant deux fois (et maintenant il y avait dans la voix quelque chose comme du défi, de l'exaltation, de la colère) : "Vous voyez ? Vous voyez ?", se penchant de nouveau, le doigt frôlant de nouveau la pierre, progressant par brèves saccades FIXE TOUS LES RE... (et sans doute savait-il lui aussi par coeur ce que les faibles stries creusées dans la pierre permettaient à peine de deviner, comme des fantômes de lettres, de mots, les traces rongées d'une douleur, REGARDS,

> d'un pleur) ET REÇU MEME ACCUEIL, après quoi il y avait un vide, l'intervalle d'une ligne sans aucune trace de caractère gravé, rien que la pierre grise, froide, nue, l'idiot observant une pause, immobile, silencieux, comme si ses yeux courant sur la plage de pierre déchiffraient ce qui disait seulement le silence, le chagrin, puis le doigt, l'ongle bordé de deuil se remettant à suivre la ligne de caractères presque effacés qui se devinaient un peu plus bas, la voix disant en même temps ELLE VINT AU CALLEPE, s'interrompant, le buste se redressant une seconde fois, les yeux perdus contemplant avec douleur autour d'eux le paysage invisible, le vallon noyé de pluie, de pleurs, se dissolvant, la voix enrouée (comme celle d'un animal, d'un sourd auquel on aurait appris à parler) répétant CALLEPE !, la tête basculant en arrière, désignant du menton le ruisseau un peu plus bas, la prairie inondée, l'eau laquée, immobile, à la surface de laquelle les gouttes serrées dessinaient des cercles d'argent, et à la fin le buste se courbant de nouveau, le doigt carré rampant lentement d'un point de suspension à l'autre, puis filant rapidement, violemment, jusqu'au dernier mot, la voix devenue maintenant furieuse, chargée d'un réel désespoir, d'une réelle détresse, disant (mais moins vite que le doigt, ou peut-être les yeux du visiteur avaient-ils déjà parcouru la fin de l'inscription — pas lu: reconnu avant même d'avoir besoin de les voir les mots qu'il avait déjà entendus sortir un peu plus tôt de la vieille bouche édentée : ... ET VOICI SON CERCUEIL !, la pluie qui tombait drue maintenant ruisselant sur le visage [...] (p.163-165).

La convention poétique, ruiniforme, lettre morte en la banalité de son contenu, se charge, d'être ainsi disséminée-rassemblée, d'un singulier pathos, devient vitale. Infiltrée en tous points par des parenthèses perméables et par des signes qui la parasitent, faisant converger à la fin "pluie" et "pleurs", l'épitaphe est, à tous les sens, *citation*. Citation vitale comme on dit ailleurs citation militaire : mention au tableau d'honneur pour ceux qui tombent aux champs civils. Citation de vie, mais aussi : la vie comme citation. La vie ex-citée ; tronquée; rendue-extraite par bribes. L'épitaphe-épigraphe c'est aussi — et là le passage atteint au sublime — la douleur dite par les mots de l'autre, l'intime par la citation, le singulier par le convenu, le propre par le figuré : la seule forme d'inscription ("d'excription" dit Jean-Luc Nancy[2]) possible n'étant plus que celle de la syncope, de l'arrachement, du détour par de l'autre. Par une autre histoire.

Ce processus généralisé de scription et de transcription, au sens de transmission d'écrits par de l'écrit, n'est pas seulement le dispositif d'une vaste mémoire permettant de "toucher terre" sans y être totalement englouti. Sauvegarde, l'écriture marque l'être. Est sa marque, la mise à distance constitutive : de *l'être typographique*, indissociable de la frappe (*typos*) lettrée, du battement, de la syncope qui momentanément ab-strait, prend du champ — par quoi il ek-siste. Où le coup d'écriture, autrement dit, qui donne ordre et forme, donne vie : *fait terre* — entre champs de batailles et champs de blé.

On comprend par suite que la lettre typographique n'aille pas sans la lettre postale, la frappe du caractère sans le geste épistolaire car il importe, dans cette symbolique et cette économie textuelle, qu'il y ait envoi, adresse, destination. Et retour d'écriture. Liant la lettre au mouvement, "ces tumultueux va-et-vient au hasard desquels elles avaient été écrites" (p.412), et au relationnement. Où l'un commande, l'autre relate:

> "*Relisez ma lettre du 3 vendémiaire et répondez-moi article par article, je ne veux pas que vous fassiez la sourde oreille.[...] je ne vous demande que des jambes, des yeux et de me rendre compte*" (p.241; en italique dans le texte).

Il s'agit d'un écrire *à* ; en *direction de* ; pour que l'écriture, devenant vecteur, porte. Ait une portée. Soit une trajectoire : le trajet dans le temps et l'espace par quoi chaque lettre *fait date* — donc histoire. Prend date, accuse réception, lieu, place. Un *avoir lieu*. D'où l'exigence d'un interlocuteur, ou plutôt des gestes de lecture et d'écriture déclenchés à distance, qui font de l'intendante Batti une entendante et une répondante.

S'instaure ainsi, à coups d'écriture, un étrange rapport de domination et d'échange. Dans cette nouvelle version du lien maître-valet, la domination en est une et pas une, faisant de Batti "pour ainsi

[2] Jean-Luc Nancy, *Le poids d'une pensée*, collection "Trait d'union", Presses Universitaires de Grenoble, Le Griffon d'argile Québec, 1992.

dire comme un autre frère. C'est-à-dire plus qu'une soeur ; non du même sang mais du même lait" (p.405). L'intendante, la chienne, "la vieille jument" (p.407) est aussi l'alter ego. Elle est, de même encre, une mémoire. Moins une correspondante qu'une dépositaire. Des ordres et des plans de LSM avec qui elle "n'échange" pas véritablement, ne rend pas coup pour coup d'écriture, mais rend compte — ("*toutes les fois que vous ne serez pas exacte à m'écrire exactement tous les dix jours et à répondre à toutes mes lettres, je vous gronderai comme plâtre*", p.187, les italiques sont dans le texte). Et atteste : de la réalisation, de l'exécution. Atteste de la vie : que ça germe, que ça pousse, que ça fructifie. Et pour ce faire, de sa reddition, de sa totale (ab)négation à elle qui supplée le maître, est son prolongement, ses jambes, ses yeux. Sa créature et sa volonté créatrice, suivant les quatre commandements majeurs qui font écho aux quatre chants virgiliens c'est-à-dire aux impératifs des cycles de la nature : leitmotive dans les lettres à Batti "à peu près uniquement consacrées à des ordres de semailles, de coupes de bois, de plantations ou de mises en bouteilles" (p.412), à des ordres de saillies et de reproduction du bétail, aux soins du labourage, des arbres et de la vigne.

Batti, telle une abeille au travail, a fonction fécondatrice : fait féconder les sillons, les génisses, élève l'enfant de LSM, "ce fils qui s'il n'était pas sorti de ses entrailles lui était donné pour ainsi dire par procuration" (p.407-408).

Autant d'éléments par quoi l'écriture épistolaire fait vie ; non seulement donne ordre de (à la) vie mais aussi fait récit de vie. Avec ceci pour conséquence : toute écriture épistolaire dans le livre, en fin de compte est géorgique — qu'elle soit agricole, militaire, politique, intime, car elle est *carrière* : cours quotidien et saisonnier. La vie en travail. Et ce récit de vie a quelque chose de poignant dans l'inachèvement que lui confère la collecte des lettres : car du fait de l'absence des réponses de Batti, la correspondance se présente, malgré la situation dialogique, comme un monologue. Ou plutôt transforme cette suite en un dialogue tronqué, sans réplique, telle une voix (au bord du) dans le vide. Et cette série épistolaire amputée détermine, en fait, admirablement, l'assignation des rôles et le jeu textuel de leur corrélation : elle l'archive, la serve conservatrice des missives ; lui le trait, le foudre d'écriture. Elle, la patience, la mémoire ; lui l'impatience, l'événement. Elle : la garde. Lui : la dépense. Elle au travail qui veille ; lui aux exploits qui émerveille.

Symbolique de l'écriture, la fécondation c'est aussi, sous la plume de Claude Simon, comme une mise en gloire, l'accouplement de deux libellules en plein vol. Dont la longue description fracture, en quelque sorte, une scène d'enlisement dans la terre marécageuse ; ouvre dans le texte une échappée en contrepoint, une stase — extase — où la (con)jonction, la (con)fusion forme, *momentanément*, un seul corps, une seule "oeuvre":

> *(sur le fond ombreux des pins les deux libellules suspendues immobiles, ciselées dans le soleil, reposant sur le frémissement métallique des ailes horizontales, se déplaçant parfois, changeant de palier, par de rapides translations, puis reprenant leur immobilité — et d'un coup, suivant une trajectoire rectiligne, légèrement oblique, l'une d'elles vient se placer au-dessus de l'autre, les deux formes impondérables, superposées, exactement identiques, jusqu'à ce que le long et mince abdomen du mâle s'incurve lentement, vienne s'ajuster à celui de la femelle, les deux paires d'ailes de mica continuant toujours à frémir, étincelantes, avec la même foudroyante rapidité, et un seul corps maintenant, soudé, un seul élégant bijou [...]) [...] le précieux bijou, le délicat chef-d'oeuvre d'orfèvrerie au double abdomen entouré de sa vibration d'argent vacillant un instant, glissant sans se désunir sur le côté, remontant soudain en suivant une trajectoire désordonnée, sinueuse, comme secoué par quelque chose de foudroyant (mais quoi, dans l'agencement compliqué, éphémère et fragile des organes, les élytres, les corselets, les anneaux faits de matières (corne, écaille, soie) apparemment insensibles: plaisir ? orgasme ? délivrance ? accomplissement ?) déséquilibré, furieux, emporté dans un vol incontrôlé, le flamboiement métallique s'évanouissant, disparaissant dans l'ombre, puis, presque aussitôt, une seule de nouveau suspendue immobile dans le soleil au-dessus de la clairière spongieuse, et quelques secondes après l'autre, à deux mètres environ sur la droite et un peu au-dessus, immobile aussi (et quelque part sous les anneaux, les corselets [...] quelque chose de modifié, quelque chose de nouveau, d'infiniment petit, d'infiniment fragile, qui déjà commençait à*

se nourrir, se former, grossir...) [...] (p.427-428; en italique dans le texte).

Cet emblème qui s'affiche tel, réel et merveilleux, nature et art ("élégant bijou"), trajectoire ailée et métaphorique, transport amoureux et transport des sens et matières ("métal", "mica", "argent"; "organe", "orgasme"), s'inscrit dans un texte qui boucle en revenant sur ses traces et cependant progresse par infime modification (*cor*ps, *seul*, *corsel*ets; *bi*jou, deux paires, double), formant vecteur, cet emblème est aussi symbolique, on l'aura compris, de l'oeuvre écrite. C'est un double discours qui se tient là, dans le commentaire de ce qui est en train d'advenir sur la page : celui de la croissance naturelle, celui de la croissance textuelle. Car c'est bien à un "chef d'oeuvre d'orfèvrerie" que travaille l'écriture simonienne qui organise, minutieusement et dans l'ampleur du livre, l'agencement compliqué des matières à récits, et qui procède selon les mêmes mouvements soudains de rapprochement, de superposition, d'éloignement des fragments d'histoires qui en constituent la trame. Si bien que le roman se révèle *atelier*, ouvroir : des significations, des sophistications de la langue qui inscrivent courts-circuits et longs-circuits, sèment, disséminent ; disent les unes par et/ou contre les autres, "quelque chose de modifié", "quelque chose de nouveau". Disent, par cet emblème géorgique (transport amoureux) et scriptural (transport de sens et de sons), le processus même de la fécondation littéraire. *L'écriture géorgique du roman.*

***

L'écriture de Claude Simon a cette force : elle se donne ainsi qu'elle est, en transit : *comme-une-écriture*. Soit parce qu'elle est écriture de l'autre et de l'autrefois (LSM) ; soit parce qu'elle est une autre écriture du même (toutes affaires de vie et de mort que les tribulations de LSM, de O, de S) ; soit enfin parce que toute écriture advient dans le décalage de son propre faire.

L'écriture des *Géorgiques* relève de l'art d'un "être-en-commun" des récits, de la mise *en* commun des histoires. Où l'être, le sens, est le *en*, est "au dedans de ce qui n'a pas de dedans" comme dit Jean-Luc Nancy[3]; ce qui est à la limite , dedans-dehors, jadis-naguère; partage *et* ajointe. C'est le lieu où le sens (et l'être) s'expose et explose. Un *être-avec* : tel est le régime de l'écriture com-posée ex-posée. Là où ça pousse en tous sens possibles, c'est là que l'écriture prend tous les risques : fait brèche, a lieu. Prend le risque d'*en* être. D'en naître.

[3] Jean-Luc Nancy, *La communauté désoeuvrée*, Bourgois, 1986, 1990, p. 226.

LE PASSÉ SOUS SILENCE ET LA PRISE À TÉMOIN

Jean-Pierre Vidal

A Céline

Il pose une feuille blanche sur la table devant lui et trace ces mots avec son stylo. Le ciel est bleu, noir, gris, jaune. Le ciel n'est pas là, et il est rouge. Tout ceci s'est passé hier. Tout ceci s'est passé voici cent ans. Le ciel est blanc. Il a un parfum de terre et il n'est pas là. Il est blanc comme la terre, et il a l'odeur d'hier. Tout ceci s'est passé demain. Tout ceci s'est passé dans cent ans. Le ciel est citron, rose, lavande. Le ciel est la terre. Le ciel est blanc, et il n'est pas là [...]. Il prend une nouvelle feuille de papier, la pose sur la table devant lui et trace ces mots avec son stylo. Cela fut. Ce ne sera jamais plus. Se souvenir.
Paul Auster, *L'Invention de la solitude*

Se souvenir de demain, se souvenir que la mémoire ne retient bien que ce qu'elle imagine, ce qu'elle compose, ce qu'elle déploie et change. C'est avec les accents beckettiens que l'allusion à la fin de *Molloy* rend plus aisément reconnaissables encore, la version que donne l'écrivain américain de la grande métaphore proustienne qui commande au siècle littéraire et peut se former ainsi: l'écriture est fondamentalement mémoire, mais mémoire en devenir, mémoire individualisante plus qu'individuelle ou collective, dans la mesure précisément où, par le jeu de la langue et de la culture qui s'y est déposée,tout événement individuel, qu'il soit "réel" ou d'écriture, rencontre, sitôt formulé, l'espace indistinct de l'Autre, que cet espace soit fait de complicité référentielle ou assigné par l'écriture à la lecture vers laquelle elle se déploie. Cette butée dans l'Autre marque l'aboutissement et, en forme de torsion logique, l'épuisement, du médium, de l'utilitaire. Dès l'orée de son histoire, en effet, on le sait, l'écriture, technique et compatible uniquement, recenseuse du monde, mais griffe aussi sur lui marquée, l'écriture joue la mémoire. Supplétive ou auxiliaire. C'est ainsi peut-être qu'à l'intérieur de ce qui n'est pas encore la littérature mais en balise à l'avance les contours, la description précède le récit, la désignation la fable et la *deixis*, une *deixis* que je qualifierais de prémimétique dans la mesure où elle est en même temps désignation de l'autre, désignation de la désignation et désignation du sujet, celui-ci tout autant effet de rétroaction de l'inscription qu'affirmation pure, la *deixis* donc précède la *diegesis*. Parce qu'elle est l'instauration d'un noeud, borroméen dirait Lacan, d'un noeud où se prennent et s'étaient mutuellement le monde en tant que regardé, le sujet regardé et le regard comme échange, parcours de l'un à l'autre.

Mais, comme l'a aussi montré Lacan, le monde, lorsqu'il n'est plus le réel insaisissable, "impossible" pour reprendre ses termes, le monde c'est aussi l'Autre, c'est-à-dire, l'ensemble des signifiants dont le sujet postule qu'ils forment système. Ce système qui en lui-même est un fantasme, une fiction produite par le sujet pour s'avérer lui-même, donne toute sa force au symbolique, et notoirement à la langue qui elle, toujours, est "supposée savoir" et notamment la vérité du sujet.

C'est ainsi que l'objurgation de souvenance ne résonne de toute son ampleur que dans la mémoire de la langue, c'est-à-dire ailleurs que dans le sujet biographique. La mémoire survient au texte comme une anamnèse, un devenir inattendu où la culture prend langue avec l'écriture. D'où l'importance des déictiques, des noms propres aussi qui en sont comme l'inverse, leur ouverture se faisant sur le référent et non sur le contexte, d'où l'importance en somme de toutes les constructions langagières qui en texte marquent la différence et même la différance entre biographème et fiction, entre le sujet de l'écriture et celui de la lecture, les deux solidairement joués et déjoués par l'espace anti-identitaire du texte.

On sait, par ailleurs, que la psychologie cognitive contemporaine considère la mémoire non plus comme un ensemble de fichiers renfermant des souvenirs figés dont le code d'accès à certains à été perdu, mais comme un ensemble de représentations mentales en constant développement. C'est dire qu'une telle mémoire ne connaît plus la vectorialisation linéraire du temps mais fonctionne sur un arrachement perpétuel au présent. Une telle conception de la mémoire, si elle contredit la psychologie classique et la psychanalyse, hormis celle de Lacan qui s'y retrouve fort bien, le positivisme en moins, une telle conception n'étonnera guère les familiers de l'écriture simonienne habitués à se perdre dans l'espace dilaté et feuilleté de la "fiction mot à mot".

Je vais donc m'efforcer, dans les lignes qui suivent, de montrer sommairement que l'écriture simonienne piège la mémoire dans la rétroaction qui procède de toute désignation, de toute *deixis*, l'image qui peut-être, insaisissable et pourtant obsédante, hante la conscience de l'écrivain au moment où il se fait sujet de l'écriture, cette image ne pouvant émerger que dans cet espace paradoxal qui donne son titre à mon texte et va du "passé sous silence" comme forme d'intimité à la "prise à témoin" comme mise en spectacle de la *deixis*, littérature donc, en un mot, puisque cette mise en spectacle est une convocation de la lecture, que ce soit celle du sujet ou celle de l'autre. Le passé sous silence n'est que le mode priviligié d'apparition de l'objet ou de l'événement à la conscience du sujet; la prise à témoin est sa saisie pour autant que celle-ci est tendue vers l'autre et ne peut donner ses contours à cet objet ou cet événement que dans l'espace intersticiel, conjonctif, de la langue et de la culture qui l'habitent. Autrement dit, si l'on n'appréhende jamais que pour soi, on ne désigne jamais qu'à quelqu'un. Et ces deux moments d'émergence forment en fait un continuum, l'un appelant l'autre et s'y abîmant. Ainsi la littérature émerge-t-elle non pas d'un strict processus de communication, comme on le répète trop souvent de nos jours, mais d'une mise en forme *pour l'autre* de ce qui, en soi, n'en a pas, le *pour soi* du sujet se fondant sur le travail, au double sens du mot, de cette mise en forme: travail du sujet appliqué à la réalisation de cette mise en forme et travail que cette mise en forme elle-même, dans son déroulement, fait subir au sujet.

Nulle part peut-être mieux qu'au moment où le texte se déploie dans le spectaculaire de son ouverture à la lecture, dans son incipit, l'acte de désignation des diverses instances qui forment le texte n'apparaît aussi porteur de sens. Car dans cet espace se situe visiblement, s'écrit au sens fort, le faisceau croisé de relations qui, du regard au dire, structurent l'intermittence suturée à quoi revient, en fin de compte, le texte.

La nomination différée, le différé du référent de la description qui ouvre les *incipit* de la période qu'on pourrait dire "médiane" de l'oeuvre de Claude Simon, avec ces trois chefs d'oeuvre que sont *Le Palace* , *Histoire* et *La Bataille de Pharsale*, ce suspens donc d'une identification par la lecture de l'objet dont on parle, ici volatile ou végétal, mais toujours aérien, mobile, comme perpétuellement en train d'apparaître, tout cela est, sous le regard qu'ils ne manquent pas d'appeler tout autant qu'ils le matérialisent, de l'ordre de l'intime, de l'ordre de l'irréductible individuel, du passé sous silence ainsi rendu sensible dans le dilatoire de la phrase, de l'ordre donc de la mémoire comme présent décollé, trace de l'instant. L'objet, trop présent, est comme en-deçà de toute nomination, pur phénomène. Alors qu'au contraire, la nomination instantanée, la présence d'emblée identifiée du référent de la description ou de l'action, que l'on retrouve, à des degrés divers, dans les autres romans, cette identification immédiate par la lecture de l'objet dont on parle, dans ce cas humain prenant la pose ou représentation de cette pose sous forme de dessin, peinture, etc., ou encore objet inanimé, comme perpétuellement fixé par l'oeil, l'envahissant, le hantant, tout ceci est, au contraire, de l'ordre du public, de la prise à témoin, de la mémoire comme transmission, de la mémoire comme legs.

Bien entendu, un *incipit* n'est pas le point de départ d'un texte. Mais il est du moins la représentation de l'émergence en tant que texte, en tant que déploiement, disposition vers l'autre. L'*incipit* marque le lieu du désir du texte joué sous la forme d'un cérémonial. Son ancrage rétroactif par la lecture dans une séquence diégétique, que d'une certaine façon, il nie par sa présence même, son ancrage rétroactif introduira une tension entre son caractère premier, sa fonction d'initiale, d'ouverture même au sens musical et sa subordination sous forme d'analepse ou de prolepse à ce qui dès lors sera identifié comme la fiction du texte. L'*incipit*, pour reprendre la terminologie d'Alain Badiou,[1] passe ainsi, sous le vent de la lecture, du "horlieu" initial à l'"esplace", après lui ouvert, de la fiction. L'"esplace" ou ce qui se trouve formé, sur le modèle avoué de l''existence" lacanien, comme espace de placement, effet de structure, contexte donc, au sens large, par l'apparition, la manifestation de l'événement et le 'horlieu", fantôme dont la référence au *Horla* de Maupassant dit assez ce qui le lie au fantasme, comme ce qui n'est que topologique a-structural, lieu du "rien n'aura eu lieu" mallarméen, espace qu'ouvre l'anaphore kristévienne, c'est-à-dire "le geste qui *indique*, instaure des *relations* [...] une pratique de *désignation*, un *geste* qui montre non pas pour signifier mais pour *englober* dans un même espace [...] disons dans un même *texte sémiotique* le "sujet", l'"objet" et la pratique."[2]

Cette désignation s'opère, au niveau de la fiction du texte, par le recours à des formules qui impliquent une prise à partie de la lecture, convoquée dans l'espace de l'expérience commune au moment même où le texte, en énonçant une fiction de la présence dans l'écriture devenue indexicale, renvoie cette lecture à sa différence. Par exemple: "il avait *cette* peau du visage tannée *des gens qui* vivent tout le temps au grand air" (*La Route des Flandres*, p. 8), où la désignation d'une qualité du personnage passe par le présent du déictique qui, aussitôt posé, prend assise sur le lieu commun, l'expérience partagée, la convocation d'une mémoire que l'on dira dès lors et dans tous les sens de l'expression, "venue sur le bout de la langue". Où l'on voit, encore, que lecture et écriture, langue et texte, se désignent mutuellement dans le pacte de la prise à témoin qui les lie et les départage à la fois.

Ailleurs, dans l'*incipit* du *Palace*, par exemple, c'est le passé sous silence qui opère la désignation, le présent déictique passant par un déictique grammatical ("l'un d'eux") pour finir, à force de

[1]Alain Badiou, *Théorie du sujet*, Seuil, 1982.

[2]Julia Kristeva, *Séméiotiké*, Seuil 1969. Les italiques sont de Kristeva.

description et comme à bout de références et de contextualisation, par atteindre la prise à témoin mais au niveau d'une comparaison, dans le suspens que représente à son tour, au niveau de la langue, toute comparaison: "Et à ce moment, dans un brusque froissement d'air aussitôt figé (de sorte qu'il fut là — les ailes déjà repliées, parfaitement immobile — sans qu'ils l'aient vu arriver, comme s'il avait non pas volé jusqu'au balcon mais était subitement apparu, matérialisé par la baguette d'un prestidigitateur), l'un d'eux vint s'abattre sur l'appui de pierre, énorme (sans doute parce qu'on les voit toujours de loin), étrangement lourd (*comme un pigeon* en porcelaine, pensa-t-il [...])". On remarquera que le déictique "il", apparu comme s'il allait plus vite que son contexte, et pris dans la dialectique du mouvement ("brusque" et "aussitôt figé") que la continuité paronomastique rend plus perceptible encore, introduit, et précisément par ce mouvement qui n'a été perçu que rétroactivement dans le bruit qui en fut l'indice, un autre déictique, celui qui désigne les sujets de la perception "sans qu'*ils* l'aient vu arriver", déictique second à partir duquel le procesus de l'interminable approximation nominative se déclenche dans l'espace mimétique du "comme": "*comme s'il* avait non pas volé mais était apparu", "*comme un* pigeon". Cet espace, c'est celui, a-topologique, de l'équivalence et de la métaphore, qui régissent la langue et la littérature mais pour autant qu'une concaténation spatiale, de l'homme au monde et du sujet à l'objet, les a inscrites dans l'espace topologique de la métonymie et du syntagme, matrice de toute anaphore. Encore faut-il remarquer que l'on est passé du "comme si" qui introduit la métaphore dans l'action sous forme de conditionnel au "comme" qui en fait le point d'orgue d'une variation substantive ou adjective, on est passé d'un comme à l'autre, par le seul des pronoms personnels qui déborde la fonction déictique dans la mesure où il excède l'espace du sujet, individuel ou collectif: "sans doute parce qu'*on* les voit toujours de loin."

Ce qui se met ainsi en place dans l'espacement du texte, c'est l'émergence de l'identité (des objets textuels aussi bien que du sujet de l'écriture) comme une sorte de "nostalgie du futur" (Baudrillard) ou, sur le modèle du "stade du miroir" lacanien, un "précipité" d'être "prématuré". Prématuré parce que, de même que l'enfant du miroir n'a pas la maturité qui correspondrait à l'expérience qu'il fait du symbolique et de sa propre position du sujet clivé, de même le sujet de l'écriture ou aussi bien celui de la lecture sont toujours non encore advenus à cette place focale que toute l'organisation du texte pourtant leur ménage mais leur ménage pour autant que comme, sujets, ils volent en éclats, éparpillés dans l'ouverture, la déhiscence, sans cesse refaites du signe. L'image d'Orphée qui hante maintes pages des *Géorgiques* pourrait bien être une des représentations de ce sujet qui anime le monde de son chant sans être jamais à sa place, qui pour retrouver son objet est condamné à ne pas se retourner sur lui et qu'un sacrifice extravagant condamne au démembrement.

La fiction virtuellement antécédentée de certains *incipit* simoniens (*Le Palace* pourrait ici encore servir d'exemple, qui commence par un énoncé de simultanéité sans autre référence à ce qui précède cette simultanéité: "Et à ce moment...") et celle au contraire non plus allusive mais déclarative des deux dernières oeuvres *L'Invitation* et *L'Acacia*, organisent selon des procédures antithétiques la même spatialisation, la même mise en rapport, la même orientation du sujet de l'écriture, confondu visiblement avec le narrateur, dans un premier temps (les premiers *incipit*), puis au contraire soigneusement distingué de lui (les deux derniers). Encore faut-il bien voir que dans *l'incipit* de *L'Acacia* le passé sous silence ne porte pas, comme dans celui du *Palace* duquel pourtant certains traits le rapprochent, sur la nature de l'objet en mouvement — on sait d'entrée de jeu qu'il s'agit de femmes — mais sur le nombre et la nature de leurs liens, "la veuve" pouvant pour la lecture pendant quelques lignes être l'une des "deux soeurs" et le lecteur n'apprenant hors de tout doute qu'elles sont trois qu'au bas de cette première page, au moment où "elles s'entass(ent) toutes les trois avec l'enfant" dans un taxi. Sur le plan temporel, nous sommes ici dans l'itératif, les seuls événements qui viennent briser la marche interminable des trois femmes étant de l'ordre du parfois et du "par exemple": parfois une trace de boue à essuyer sur la chaussure de la veuve, parfois un taxi. Pour finir cette mise en rapports, dans la scène initiale, des acteurs et du monde, selon une organisation de la perspective, des lignes de force qui donnent son volume à cet univers de fiction en même temps qu'elles composent le sujet de l'écriture dans ses rapports à l'Autre, remarquons d'une part la distance où le narrateur anonyme tient "l'enfant" qu'écrivain il fut et d'autre part le "on" qui contrairement à celui du *Palace* exclut et le sujet individuel et celui de l'expérience commune, le "qui que ce soit" qui commande par exemple aux proverbes, pour n'être manifestement que l'équivalent d'un "ils": le regard des paysans qui voient passer les femmes mais pas l'enfant, du moins pas expressément: "On finit par les connaître, s'y habituer." Remarquons l'habitude qui vient relancer l'itératif de la marche et organise l'*incipit*, contrairement à celui du *Palace*, sur le non-événement, puisque les seuls minuscules événements, la boue essuyée et le taxi, sont, nous l'avons vu, de l'ordre du "parfois", c'est-à-dire encore pris dans l'itératif.

Que nous dit donc cette configuration de l'ouverture du roman? D'abord, peut-être, l'effacement du narrateur qui se tient là, portrait non pas en pied mais en enfance et sans qu'aucune trace textuelle ne permette de le rattacher à cet enfant, pas même une certaine représentation du regard. Cette "modestie", c'était aussi celle du narrateur de *L'Invitation*, dans un *incipit* assez proche de celui-ci, dans la mesure où s'y déploie un itératif mais rompu justement par l'événement: le car qui vient rompre l'ordinaire des limousines.

En fait, il ne faudrait même plus parler de narrateur: dans la scission opérée sur les ruines d'un "je" imprononçable, c'est le biographique tout entier qui passe sous la barre du silence, le sujet de l'écriture se débarrassant visiblement de ces images de lui-même comme de ce qui, matière de mémoire indéniablement, ne peut advenir comme objet que dans l'éternel futur de l'écriture, dissolvante tout autant que fixante ou fixative, pour garder la métaphore chimique.

Qualifiée, en forme de paradoxe, de tentative pour faire advenir enfin ce qui a déjà eu lieu, cette forme particulière de mémoire qui en fait coïncide avec l'écriture et ne "retient" rien puisqu'au contraire elle dispose tout, dispose de tout dans l'inarrêtable déportement de la phrase, cette forme de mémoire que l'écriture trace incertaine dans la dynamique du suspens et les "structures dissipatives" qui en découlent, c'est son ouverture sur la langue, lieu de l'autre, qui la fait véritablement advenir.

À mesure qu'elle se déploie, se cherche un appui, s'affirme puis court à sa fin, la phrase creuse la mémoire de la langue autant que celle du sujet et s'en voit léguer sous forme de lieux communs affleurant, de formes syntaxiques aussi, tout ce qui dans cette langue est de la parole, de l'écriture fossilisée, tentatives en leur temps inouïes devenues sinon norme du moins possible assagi, risque rassis. La phrase n'est pas risquée, rien ne la tient, sinon peut-être cet essoufflement du monde qui s'entend, comme un regret, dans la langue. La phrase admirable de Claude Simon, on l'a souvent dit, est un risque immense entre deux abîmes; elle risque, en fait, tout: la mémoire, y compris la sienne propre, la langue que, loin d'en être tout bêtement faite, elle prend dans ses rets et rejoue, comme si le travail en elle mis lui donnait de l'expansion par l'illimité bientôt des combinaisons qu'elle y découvre, les multipliant.

Ainsi pratiquée, l'écriture est un piège à sujets. Aux confins de l'individuel et du collectif, elle trace, incertain, un espace où la mémoire strictement biographique vient se prendre et se mêler à celle d'une génération mais aussi celle, transhistorique, que l'on appelle la culture. Ainsi, *L'Invitation*, où personne ni nulle part ne sont jamais nommés, ni le prix Nobel, ni le secrétaire général, ni l'Empire ni ses villes, est-il le texte de l'effacement des marques et celui d'un exercice de reconnaissance dont les clés sont dans la mémoire, la culture ou... un paratexte ainsi remis en jeu, comme le veut certaine pratique post-moderne de plus en plus présente.

L'Invitation appartient en effet à ces nouvelles formes de l'autobiographie qui de Robbe-Grillet à Paul Auster envahissent la littérature actuelle et jouent sur les frontières floues entre biographie et fiction ou plus précisément abolissent ces frontières au nom de la spécificité scripturale pour qui tout référent, fût-il attesté par des millions de morts, est fiction, c'est-à-dire non pas inexistence illusoire mais travail du sujet, imaginaire symbolique et "réel" conjoints en lui, et de cette conjonction donnant à ce sujet lieu d'être dans ce déport constant de l'écriture où il se saisit et s'avère de ce qu'il peut parvenir enfin à dire, mais ainsi le modifiant, le changeant de nature même, ce qui a eu lieu, ou, adversement, de ce qu'il donne, l'invoquant, lieu de dire à ce qui jamais comme tel n'aura lieu.

Mais ce texte, *L'Invitation*, qu'il faut bien considérer comme non-romanesque, encore qu'on puisse assez facilement voir la part du romanesque en lui[3], n'apparaît pas dans l'oeuvre simonienne comme l'exception qu'il aurait pu être, de par son prétexte et sa nature générique. Les lecteurs assidus de Claude Simon sont depuis longtemps aux prises avec ce que j'appellerai l'"indécidable biographique" qu'un certain militantisme du Nouveau Roman à ses débuts condamnait à ne pas se faire voir, tout biographème étant alors tabou. Maintenant que le balancier semble avoir penché vers l'autre extrême, le vécu triomphant, il convient, me semble-t-il, d'insister sur l'"indécidable" de ce biographique désormais presque trop innocent. Et de le marquer d'un paradoxe provocateur dont le modèle vient de Gertrude Stein: le biographique est à tout le monde. Non pas au sens banal que tout le monde a accès au biographique mais à celui, plus pervers peut-être, que l'écriture donne du biographique comme elle donne du rêve, c'est-à-dire par appel d'air, par capture de l'autre sujet, celui qui n'a pas vécu l'événement éventuel mais vit maintenant comme événement cette écriture qui lui fait placer ses souvenirs à lui, ses rêves à lui, au creux du sujet scripteur. Encore faut-il aussitôt préciser, comme je l'ai fait en d'autres termes tout au long de ce texte, que dans cet espace particulier de l'écriture tout événement n'est reconnaissable comme tel que dans la mesure où s'y efface l'appartenance individuelle. L'événement scriptural s'enlève sur les ruines du sujet que pourtant il suscite et stimule. L'événement scriptural est le lieu précis de la plus extrême tension entre le passé sous silence du dire lorsqu'il prend sur lui d'être et la prise à témoins qui inévitablement de cette décision émerge.

Ainsi, me semble-t-il, toute oeuvre de Claude Simon s'inscrit-elle dans cette fondamentale désindividualisation de la mémoire que le partage scriptural et la mise en jeu d'une pratique signifiante risquée produisent. Littéralité et référentialité n'y sont pas des pôles incompatibles entre lesquels l'écriture oscillerait mais elles forment les deux faces du même phénomène que l'on pourrait appeler la réalité du texte, ni pure suite de combinaisons littérales et syntaxiques, que l'on ne saurait même pas percevoir si elles n'etaient que cela, ni récit ou vision intangibles, mais le littéral n'étant perceptible comme tel qu'à

[3]C'est ce que j'ai tenté de montrer dans "L'espace de la distinction ou le secrétaire général et l'invité particulier", *Revue des Sciences humaines*, no 220, 1990-4, p. 131-155.

qui s'en tient à distance de lecture et ne s'y hypnotise pas, le référentiel quant à lui n'étant somme toute que l'indice que la lecture a lieu, qu'un imaginaire se déploie dans un autre et sans doute s'y substitue, par le jeu de la lettre et son efficace. C'est la densité scripturale du texte de Simon qui lui donne son poids de réel. Plus cette densité s'interpose entre sa mémoire d'homme, d'écrivain, et la mienne de lecteur, plus, paradoxalement, je me souviens de ce qu'il a vécu.

C'est sans doute, en effet, parce que rien de ce qui compte vraiment — le battement insensé d'une veine, un brin d'herbe où la mort s'accroche, un sabot tordu vers le ciel — n'est transmissible, que la littérature existe, comme un déni éperdu de toute altérité et la seule alternative à la force des choses.

ENTRE TRIAS ET CRÉTACÉ

Philippe Bonnefis

> ...importance des données géologiques, *sous peine de verbiger dans le vague. Puissance descriptive des termes géologiques dans la mise "sur pied" d'une étude d'après nature (littéraire ou plastique). Le géologue* sait voir.
> Victor Segalen, *Journal des îles*

..."sombre chenille dévorante glissant sur la surface poilue de la vaste terre au-dessus des profondeurs minérales et opaques où dorment [..] les étincelantes fougères d'anthracite"[1], ce train, au fond du paysage, comme dans un tableau de Chirico. Train de l'Histoire (depuis les révolutions russes, chinoises et mexicaines, de *La Prose du Transsibérien* à *La Condition humaine*, l'Histoire, en effet, marche en train), et qui vient de s'incliner vers l'intérieur du long tournant au centre duquel se dresse l'usine "qui semblait pivoter lentement sur elle-même assemblage compliqué de passerelles de tuyaux de tours d'acier de poutrelles de cubes et de cheminées le tout d'un brun rouille dans les prés verdoyants comme si elle avait surgi entourée de son asphyxiant nuage de vapeurs brûlante et minérale des épaisseurs profondes de la terre dans un sourd fracas de choses concassées

[1] *La Bataille de Pharsale*, Éditions de Minuit, 1969, p.179.

calcinées lentement écrasées par le poids de millions et de millions d'années forêts englouties pétrifiées fougères de pierre animaux poissons aux arêtes de basalte obscure gestation dans le ventre de comment s'appelait cette monumentale déesse aux multiples mamelles d'argile et de rochers qui donnait au père dévorant des cailloux enveloppés de langes"[2].

Rhéa, elle s'appelait Rhéa, fille de Gaïa et d'Ouranos, et l'une des Titanides. Déesse polymamnia, maman aux mille mammes, de son union avec Cronos, selon la *Théogonie* d'Hésiode, naquirent six enfants; et ce fut Hestia, ce fut Déméter, ce furent Héra, Hadès, Poséidon et Zeus, que Cronos dévorait au fur et à mesure de leur naissance, ayant été instruit par un oracle que l'un d'eux, s'ils vivaient tous, n'aurait rien de plus pressé que de le détrôner. La prédiction n'était pas vaine, que la ruse de Rhéa, qui substitua au petit Zeus, d'entre tous ses enfants voulant au moins sauver celui-là, quelques "cailloux enveloppés de langes", aida à se réaliser...

Elle s'appelait Rhéa. Comme la dédicataire des *Géorgiques*. A une lettre près. "A Réa". Sans *h*... A Réa, dont le si beau visage vient clore l'album des photographies que Claude Simon a rassemblées pour Maeght, en 1992[3]. L'unique portrait de femme d'un portfolio qui n'en comporte, pour ainsi dire, aucun autre, et où les nus, presque systématiquement, exhibent des corps sans tête. Soit que la tête du modèle disparaisse sous un accessoire, une serviette de toilette par exemple[4], soit que le recadrage à l'agrandisseur le décapite proprement, d'une coupe franche, à hauteur du nez ou de la bouche[5]. Rien que des corps, voire des morceaux de corps, "Jambes", "Ventre et cuisses"[6]. Les légendes sont de Simon lui-même. Des corps, mais de visages point. Visages entiers, s'entend; dans toute l'intégrité de leur forme, l'évidence, la force de leur présence; cette aura que nous sommes en droit d'en attendre et qui émane du seul portrait de Réa.

[2] *Op.cit.*, p.161-162.

[3] Claude Simon, *Photographies 1937-1970*, Maeght, 1992.

[4] Voir le cliché de la page 64.

[5] p.132-135.

[6] p.120-121.

Celui de Mlle Prévert qui figure en regard, un visage que guette son double, est mangé par les feuilles, aspiré par les fonds. Quand le visage de Réa, au contraire, s'en détache, dans la pleine lumière de je ne sais quelle épiphanie: un visage pensif, apaisant; un visage, surtout, intelligent. Réa "est beaucoup plus intelligente que moi", se plaît à affirmer Claude Simon; se rassure Claude Simon, en l'affirmant à Lucien Dällenbach dans une lettre qu'il lui adresse le 9 janvier 1985.[7]

D'une intelligence qui ne brille nulle part ailleurs avec autant d'éclat qu'en cette dédicace des *Géorgiques*: A l'habile, la rusée, à l'adroite Réa (Rhéa?) qui eut ce coup de génie, en dérobant à l'appétit de Cronos le premier des dieux modernes, d'annoncer peut-être ainsi avec la fin des temps hésiodiques le commencement des temps héroïques, d'inscrire à tout le moins entre l'histoire de la formation du globe et l'histoire de l'humanité quelque chose comme une ligne de partage, même s'il devait s'avérer à l'usage que c'est une ligne fragile, à reconfirmer toujours, comme s'y emploie ce roman qui emprunte à Virgile le titre de son poème didactique; roman des *Géorgiques*, comprenons certes des travaux de la terre, mais aussi de la terre en travail, de la terre besognée, de la terre engrossée, engraissée, de la terre vorace, de ce côté glu, gluant, goulu et glouton de la terre à laquelle il faut régulièrement sa ration de chair, de cuir, d'éperons et de crinières, qui se nourrit de guerres et d'hécatombes, de chevauchées fantastiques, des cuirassiers au chemin creux de Waterloo dont l'hugolien souvenir hante l'oeuvre de Claude Simon à la charge de Reichshoffen qu'évoque *Leçon de choses*, sans oublier la cavalerie Yankee des *Corps conducteurs*, ni, aux courses d'Auteuil, dans *Histoire* "Le train des petits chevaux [...] soudés ensemble, en tôle découpée et coloriée, glissant à toute vitesse tandis qu'ils semblent peu à peu s'enfoncer dans la terre comme si le sol s'ouvrait au fur et à mesure sous leurs sabots, les engloutissait, les casaques multicolores et les crinières dépassant seules, puis plus rien que les toques à ras du sol (comme une mystérieuse charge de cavaliers engloutis tout vivants et qui poursuivraient toujours, obstinés, sous la surface de la terre, leur course effrénée), puis les toques englouties elles aussi, le minuscule chapelet des pastilles multicolores disparaissant, puis un

[7] Lucien Dällenbach, *Claude Simon*, Editions du Seuil, coll. "Les Contemporains", 1988, p.166.

temps pendant lequel on pouvait les imaginer, apocalyptiques, galopant toujours, brassant de leurs membres infatigables et de leurs sabots d'acier les obscures et silencieuses étendues souterraines"[8]. Et puis reparaissant au terme de "cette traversée des Enfers"... Qu'on voit reparaître en effet, ou ne jamais reparaître, disparaître alors tout à fait, comme la colonne fantomatique de ces dragons engagée trop avant, trop au-delà non seulement des frontières, des limites du territoire national, mais de celles infiniment plus imprécises qui vous indiquent, pour ainsi dire, que vous venez de passer les bornes et que vous faites partie désormais d'un autre espace-temps; la ligne immatérielle, et par cela même d'autant plus aisée à transgresser, que l'on frôle sans cesse chez Claude Simon, et franchie laquelle c'est l'autre règne en effet qui commence ou recommence; le règne de Saturne-Cronos, le règne de l'incorporateur, du Temps personnifié que Gilles Deleuze, dans *La Logique du sens*, négligeant la distinction que marque la langue grecque entre le *kappa* du premier et le *khi* du second, oppose au temps de l'Aiôn, qui est proprement le temps de l'Histoire. "A partir d'un moment, lit-on dans *L'Acacia*, il n'y eut plus simplement que des cavaliers manquants, simplement manquants, disparus, comme si la grasse et verte campagne en absorbait peu à peu une ration, engloutis, digérés, avec cette imperturbable et vorace bienséance qui lui permettait d'ingurgiter à la façon de ces fleurs carnivores bêtes et gens"[9]. Un jour, même, "ils virent un cheval presque entièrement recouvert d'une boue jaune, comme du café au lait, comme si elle (la nature) sécrétait une sorte de bave, de suc digestif gluant qui avait déjà commencé à le dissoudre tandis qu'elle l'avalait lentement en commençant par l'arrière-train"[10].

Motif que l'on dira de la fin de l'Histoire: le cheval est l'animal historique par excellence. A cheval lui-même entre deux mondes, deux temporalités; de Pégase, toujours prêt à l'envol, à Bucéphale qui fait entrer Alexandre dans la légende, le cheval est un pont, le cheval est un passage...

Motif, quoi qu'il en soit, repris de *La Route des Flandres* où

[8] *Histoire*, Éditions de Minuit, 1967, p.64.

[9] *L'Acacia*, Éditions de Minuit, 1989, p.42.

[10] Ibid.

il arrive, en outre, que le point de vue adopté par Claude Simon sur les événements de 1940 soit plus radicalement encore celui du géologue. Plus besoin de mythe, alors; ni d'ogre ni d'ogresse. Une sorte de lucidité froide, le regard sans passion du technicien du globe qui observe la formation d'un bassin sédimentaire: "[...] les ossements des défuntes Rossinantes et des défunts Bucéphales (et des défunts chevaliers, des défunts cochers de fiacre et des défunts Alexandres) retournés à l'état de chaux friable [...] de fossiles [...] alors on redevenait simplement un peu de craie, de sable et de boue"[11].

Ce que Mircea Eliade nomme "le rythme géologique du temps", son "tempo géologique"[12], et qui est comme le basso continuo du récit simonien, d'un récit où les choses n'arrivent, quand elles arrivent, que "comme dans ces mouvements de terrains lentement et sournoisement minés"[13], éboulis dans la masse schisteuse du temps. Et schisteuse, au sens propre, au sens technique du terme. A l'image même de ce tiroir, le troisième de l'imposante commode d'*Histoire*, et qui était "occupé presque tout entier, nous dit-on, par les rangées parallèles feuilletées des cartes postales"[14]. Une ardoisière, en somme.

Du temps en lamelles. Structure plissée du temps... Comparer, sous ce rapport, cette page des *Géorgiques* où l'on voit le vieil homme regarder sa main, regarder le soleil qui fait ressortir les rides de sa main "comme des plissements de terrain"[15], à cette page d'*Histoire*: "poissons flânant une ou deux fois je pus voir un éclat argenté flanc brillant un instant au-dessus du fond strié des roches ou plutôt ridé pensant de nouveau à elles sous les froides et mouvantes épaisseurs d'eau depuis toujours ou plutôt plissé: vieille peau de ce vieux monde ce vieux monstre Plissé pliscénien ou quoi Plioscène Sans doute rien à voir mots qui simplement se ressemblent

[11] *La Route des Flandres*, Éditions de Minuit, 1960, p.242-243.

[12] Mircea Eliade, *Forgerons et Alchimistes*, Flammarion, coll. "Champs", 1977, p.34.

[13] *L'Herbe*, Éditions de Minuit, 1958, p.68.

[14] p.250.

[15] *Les Géorgiques*, Éditions de Minuit, 1981, p.28.

plésiosaure"[16].

En effet, rien à voir. *Pliocène* (dernière période de l'ère tertiaire, succédant au miocène) vient de *pleiôn* (plus nombreux) et de *kainos* (nouveau), comme contenant la plus large proportion de fossiles de coquillages appartenant à des espèces récentes. Quant à *plésiosaure*, c'est *plêsios saura*: qui s'approche des sauriens. Pas l'ombre d'un pli ou d'un plissement, en l'un ou l'autre de ces deux mots. Si ce n'est à l'oreille, peut-être, cette oreille simonienne si sensible au plissé, et plus proche en cela du sens du toucher que de n'importe quel autre de nos sens. C'est en aveugle que nous plongeons dans le temps, en explorons le corps strié, — comme font les bûcherons, quand ils promènent leurs doigts sur la surface fraîchement coupée d'un tronc; les bûcherons qui calculent l'âge de l'arbre au nombre de ses cernes.

Le temps est une épaisseur, une accumulation, un formidable empilement: temps amoncelé, et dont l'écroulement est un spectacle que l'oeuvre aime à se donner, se faisant un malin plaisir à souffler sur les châteaux de cartes dont la mère dans *Histoire* meuble sa solitude ou feuilletant avec nous (mais que veut dire alors feuilleter? Ne s'agit-il vraiment que de tourner des pages?) ces carnets de molesquine où la vieille Marie, où l'héroïne de *L'Herbe*, a consigné les menus incidents de son existence, et au dos desquels les millésimes sont "écrits à la suite les uns des autres, chaque chiffre séparé du suivant par un tiret: 1922 — 1923 — 1924 — 1925 — 1926 puis (comme si au bout de ces cinq années elle — celle qui était maintenant en train de mourir — avait soudain décidé de faire l'économie des deux premiers chiffres, ou plutôt comme si, brusquement, le temps s'était mis à couler à une vitesse accélérée): — 27 — 28 — 29 — 30 — 31 — 32 — 33 — 34 — 35 — 36 — 37 — 38 — 39 — 40 — 41 — 42 — 43 — 44 — 45 — 46 — 47 — 48 — 49 — 50 — 51 — 52 comme une sorte de mur aux éléments maçonnés ou plutôt assemblés, ajustés sans la moindre fissure, le moindre interstice, quelque chose qui faisait penser à ces vestiges d'antiques constructions pélasgiques ou romaines, et qui semblent non pas avoir résisté au temps mais être en quelque sorte le temps lui-même"[17].

[16] p.319.

[17] p.119.

Mais qu'est-ce que le temps *lui-même*? Et comment caractériser la nature des phénomènes dont il est censé mesurer ici la durée? De *pélasgique* à *pélagique*, par exemple, l'oreille ne fait pas la différence. En sorte qu'entendant parler de "constructions pélasgiques", il nous est à peu près impossible de décider si l'on nous parle des monuments qu'ont laissés les peuplades qui avant les Hellènes occupèrent la Grèce ou des dépôts sédimentaires se formant sur le socle où reposent les grandes fosses océanes. Mais Claude Simon lui-même le sait-il? Sait-il bien si le mot *pélasgique* (entendre *pélagique*) ne lui est pas venu seulement sous la plume à cause des échos fort creux qu'il éveillait dans les couches profondes de sa mémoire et dans celles, infiniment plus profondes encore, de la mémoire du globe?

Ce même Simon qui accepta longtemps de s'effacer derrière la raison sociale de l'entreprise familiale qu'il dirigeait à Salses, n'y menant apparemment que l'existence ordinaire d'un viticulteur, au point, dans tout le pays, au milieu des terres labourées et parmi les vignobles, d'être surtout connu sous le nom qui, jusqu'à une époque récente, s'étalait encore en toutes lettres, calligraphié et emphatique, sur les étiquettes "d'une marque d'apéritif bon marché vendu dans les épiceries"[18], et qui, malgré l'aristocratique élégance du Saint Michel dont il s'ornait comme d'un trait de plume, n'eût guère prêté en effet à conséquence, n'étant après tout qu'un nom quelconque, "un nom communément porté dans la région, aussi répandu que Fabre ou Roques"[19], si, entrant en résonance avec l'oeuvre, il n'avait aussitôt, et assez vertigineusement, fait de son auteur un quasi-contemporain de la troisième division des temps géologiques; celle qui succède au primaire pour une durée de 125 millions d'années et que caractérisent, outre le développement des gymnospermes, sous-embranchement des phanérogames ou spermaphytes comprenant des arbres ou arbrisseaux à ovules ou graines nues, l'abondance des bélemnites, des ammonites, la prépondérance et l'immense variété des reptiles. Cependant qu'apparaissent les oiseaux...

Un nom absent de l'oeuvre, aussi bien. De l'oeuvre qu'il ne traverse, pour ainsi dire, qu'incognito, dans les fourgons de ce

[18] *Les Géorgiques*, p.151.

[19] *op.cit*, p. 152.

général, lui-même tout à fait irréel, énigmatique et distant, et qui, flanqué d'un nain, espèce de nabot, "une sorte de petit singe", passe au rythme du récit engourdi que nous font *Les Géorgiques* du long hivernage dans lequel toutes les armées en présence étaient entrées en 1940 et d'où l'Histoire semblait ne devoir jamais sortir; un très vieux général, et plus vieux même que très vieux, général fantôme "qui commandait à une kyrielle de colonels-comtes, de capitaines et de lieutenants marquis ou barons, et qui s'appelait simplement Charbonnier, Ducourneau ou Lacombe"[20].

C'est le nom, Lacombe. Monsieur Lacombe, propriétaire d'un vignoble, à Salses, Pyrénées-Orientales. Presque un nom commun, et que, sous sa forme commune, l'oeuvre, cette fois, atteste. Dans *Histoire*, par exemple, où l'on peut lire que les plis transversaux d'un drap s'affaissaient "dans la vallée ou plutôt la combe entre les jambes"[21]. Et, à bien des égards, *combe*, de fait, vaut mieux, mot gaulois oublié (de *cumba*: vallée, dont seuls quelques toponymes, durant longtemps, avaient su garder la mémoire) mais que Jean-Jacques Rousseau, au XVIIIème siècle, contribua à remettre en honneur, pour désigner, de manière plus spécifique, certaines vallées encaissées du Jura[22]. Suivi en cela par les géographes qui ont depuis pris l'habitude d'en réserver l'emploi à cet usage et qui ne se servent du mot, en conséquence, que dans l'acception précise de "dépression longue et étroite entaillée par l'érosion dans la voûte anticlinale d'un pli jurassien et dominée par des escarpements que l'on appelle des crêts" (le *Crêt de la neige*, 1723 m, sommet du Jura franco-suisse).

C'est pourquoi je dis que ce mot est le terme adéquat, plus indigène à l'oeuvre que ne l'est le mot vallée, ou, si ce n'est à l'oeuvre, à strictement parler, au roman familial, à ces chroniques dont, en même temps que l'annaliste, Claude Simon s'est voulu le personnage principal. Un mot, en conséquence, qu'il scrute avec passion; qu'il fétichise comme une archive, le soupçonnant d'être le

[20] *Les Géorgiques*, p.123. Voir aussi le "Lacombe (Joseph)" qui apparaît incidemment dans une lettre de St M... à sa femme, à la page 403.

[21] p.376

[22] *Dictionnaire Historique de la langue française*, sous la direction d'Alain Rey, Dictionnaires Le Robert, Paris, 1992.

dépositaire d'une expérience qui lui paraît assez déterminante pour que l'idée de s'en approprier l'enseignement le préoccupe, même s'il sent à chaque instant qu'elle le dépasse. C'est la langue, chez Claude Simon, Lucien Dällenbach l'a admirablement montré, — "plus encore que les papiers jaunis pieusement conservés dans l'armoire ou la malle de famille"[23], c'est la langue qui détient pour chacun le secret de son identité. La langue qui sait le fin mot. Sauf que la langue n'est jamais sûre, qui réserve des surprises, qui a toujours plus d'un tour dans son sac. Tel ce mot, cette malle à double fond, ce mot à double face, cette combe qui ouvre en effet, à l'imagination simonienne, une double et contradictoire perspective. L'une, sur le côté du père, natif du Jura; l'autre sur le côté de la mère, née sans doute Suzanne Denamiel, mais dont la propre mère fut la dernière à porter tout entier le nom de Lacombe de Saint Michel.

Le père était dans la combe... Mais qui parle ici de père? Une combe souvent en cache une autre. Dans un même ordre d'idées, il y a bien deux Juras. Un seul, si l'on préfère, qui se divise en deux, qui a du moins pour attributs d'être à la fois localisable dans l'espace et illimité dans le temps. Sous le jurassien des géographes (relief jurassien), le jurassique des géologues, entre trias et crétacé.

Originaire du Jura, comment soutenir la prétention qu'on l'est encore, si le mot origine doit garder un sens précis, si l'on attend de lui qu'il nous rende nos racines, nous ramène à la source? Car l'être enfin, est-ce appartenir à une aire géographique ou à une ère géologique? C'est que ce n'est pas du tout la même chose.

Qu'est-ce que la géologie? Une science qui a pour objet l'étude des transformations subies par la Terre dans le passé. En quoi, la géologie se distingue de la géographie qui ne s'intéresse qu'à l'aspect actuel de celle-ci. Par hypothèse, en effet, la géographie n'a pas à se préoccuper de cette dimension d'une durée, qui est, au contraire, le premier sinon l'unique souci de la géologie. Etudier la géologie d'une région quelconque, du Jura ou des Alpes, c'est, par un examen de leur sous-sol, en décrire l'évolution dans le temps. En faire l'histoire. La géologie, c'est de l'histoire. Histoire d'avant l'Histoire, qui la précède en quelque sorte, mais qui, par cette anticipation, en dénonce toute la vanité, confirmant Claude Simon dans l'idée, car c'est son idée, que la géographie, tout compte fait, n'est

[23] Lucien Dällenbach, *Claude Simon*, p.67.

jamais que le tombeau de l'Histoire, du cadavre de l'Histoire, l'espèce de chose enfouie dont l'immense exhalaison empuantit la ville de Barcelone, l'arbre pourrissant de toutes les généalogies et qui va répandant son infection, sous forme de poires blettes ou à travers l'odeur rêche ("Rugueuse Ridée"[24]) du crêpe georgette.

A ce propos, comment s'appelle le Hollandais qui est le peintre d'*Histoire*? Exemplairement, il s'appelle Van Velden. Comme qui dirait Deschamps, et l'on ne saurait mieux dire. Dire, avec plus d'énergie, ce qu'est ou ce que devrait être un tableau d'Histoire. Ce qu'est ou ce que devrait être, à plus forte raison, une page d'Histoire. Sous ce rapport, il n'y a pas de différences.

Pour preuve, la page que s'apprête à écrire, en ce jour de l'an 48 av. J.- C., le "pondérable et sévère personnage qui contemplait le champ de bataille de Pharsale", et que, quelque vingt siècles après, ces deux personnages se sont mis dans la tête d'aller relire sur les lieux mêmes. Une lubie, une fantaisie qui leur a pris. Bien malencontreusement. Cela fait des jours et des jours qu'ils sont à la recherche du site, un site qu'ils ne peuvent imaginer que grandiose, qui prêta son décor au théâtre de l'action. De guerre lasse, le narrateur (O. dans le texte) suggère à l'ami et interprête qui l'accompagne de dire aux paysans qu'il questionnait en vain que le type qui conduisait la bataille, ce matin-là, s'appelait Jules César. "L'ami de O. se tourne de nouveau vers les deux hommes. Leurs visages sont tendus par l'attention. A la fin le plus gros étend le bras et montre la campagne à droite. O. dit Qu'est-ce qu'il dit? L'ami de O. traduit Il dit qu'il n'a jamais entendu parler de ce Jules César mais que tous les champs de ce côté s'appellent des *Kaisares* c'est-à-dire les Césars"[25].

Mise à plat de l'Histoire, fin de César, et, avec lui, de tous les césarismes. Combien de ces dénouements, de ces fins stoïquement géographiques, si on avait le courage d'en conduire le récit jusqu'au bout, dans la vie des hommes illustres?

Mais ce courage, qui l'aurait? Sans compter qu'il est inutile de s'attendre à recevoir de quiconque la moindre consolation. Pas même de Fernand Braudel, et de la conception pourtant

[24] *Histoire*, p.76.

[25] *La Bataille de Pharsale*, p.218.

extraordinairement stratifiée qu'il se fait de la durée. Trois couches superposées, on se le rappelle. L'écume des événements, le jeu des oscillations qui en déterminent en profondeur la production et les structures, enfin, c'est-à-dire un ensemble de mouvements beaucoup plus lents, mais qui, dans leur lenteur cependant, une lenteur voisine de l'immobilité géographique, n'en entraînent pas moins le tout. Selon leur rythme propre, certes, et donc à une vitesse qui n'est pas nécessairement calculable. Il ne s'agit là, après tout, que de moments purement théoriques où la géographie serait déjà de l'Histoire, où l'Histoire serait encore de la géographie, indécidablement.

L'oeuvre de Claude Simon, et c'est en quoi peut-être elle est très exactement romanesque, ne se sépare d'une pareille conception qu'en ceci, que les moments théoriques dont nous venons de créditer la démarche spéculative d'un Braudel y servent de prétexte à des réalisations imaginaires qui ont l'autorité de phénomènes observés et que, forte de l'expérience acquise sur le champ de bataille de Pharsale, elle interprète systématiquement à rebours. Non du tout, veux-je dire, dans le sens d'un enrichissement du discours de l'Histoire, ce qui était tout de même le but de l'école des Annales, mais dans le sens de son appauvrissement. Franciscain, là-dessus, à un point qui dépasse même les pires suppositions que l'on s'en faisait!

Quand Claude Simon, par exemple, compare l'Histoire qui se fait, et que personne ne voit se faire, à l'herbe qui pousse, et que personne ne voit pousser; lorsqu'en exergue à *L'Invitation*, de tous les livres de Claude Simon, celui qui l'exposait sans doute aux dangers les plus redoutables, étant la relation d'un voyage parmi les grands de ce monde, penseurs, artistes, militaires, princes de la Science ou hommes d'Etat, il se précautionne de cette phrase de Bismarck, "Le seul facteur permanent de l'Histoire, c'est la géographie", c'est non seulement pour dire leur fait à tous ceux qui se targuent d'en être les acteurs, mais c'est plus radicalement, pour manifester son refus d'adhérer aux croyances sur lesquelles repose, depuis plus d'un siècle maintenant, le culte de l'Histoire. Le souvenir de la mort de Brejnev s'impose-t-il au récit, de l'interminable cérémonie que toutes les télévisions du monde avaient retransmise, que "l'incessant et tumultueux chuintement" du torrent qui court derrière l'hôtel où il avait ses quartiers en couvre aussitôt la rumeur, "comme si de la vieille et monstrueuse montagne" dont il dévale la pente "parvenait sans relâche sous forme de sourd mugissement la voix de quelque monstre, quelque oracle moqueur, indifférent, porteur de quelque secret sans secret"[26].

La grosse voix de la Terre.

Voix fossile qui s'est formée là-bas, quelque part, entre trias et crétacé.

Sauf erreur, et à quelques millions d'années près. Tout dépend de l'observateur, tout dépend du lieu de sa naissance.

Après cela, ce n'est plus qu'affaire d'orthographe: aire géographique, ère géologique. La toute-puissante homonymie fait le reste, et le fait pour chacun.

*

Fait à chacun ce qu'elle fit, par exemple, à Antoine Simon, père de Claude.

Né dans la petite ville d'Arbois, et donc en plein vignoble jurassien; capitaine au 24e régiment d'Infanterie Coloniale qui marque encore de son souvenir cet hôtel, à l'enseigne du Bar Colonial, où loge Antoine Montès, le héros photographe du *Vent*; soldat de la fameuse Division Bleue qui vit les plus glorieux de ses anciens s'illustrer à Sedan en 1870, à l'entrée du village de Bazeille, dans la maison dite aujourd'hui de la Dernière Cartouche, et qui prête la couleur de ses uniformes, des pantalons qu'au lieu des pantalons rouges des lignards, et pour s'en distinguer, les Marsouins avalent bleus, à la troisième des divisions sur la base desquelles l'Ancêtre a pensé un moment devoir entièrement réorganiser le plan de son domaine, celle où se dresse le mausolée solitaire qui abrite le corps de sa première épouse, la huguenote à qui l'on avait refusé de reposer en terre chrétienne, et dont la tombe, en effet, nous disent *Les Géorgiques*, "se trouve dans la division bleue"[27]; Antoine Simon eut tout juste le temps, en 1913, de déposer sa semence dans le précieux tabernacle d'une certaine Suzanne Denamiel, avant de disparaître, faux-bourdon, folle guêpe, le 27 août 1914, au combat de la forêt de Jaunay.

A-U, et non A-U-L, comme l'écrit Claude Simon pour des

[26]*L'Invitation*, Éditions de Minuit, 1987, p.49.

[27] *Les Géorgiques*, p.34.

raisons qui m'échappent, mais c'est de règle. Une oeuvre a toujours ses *raisons*. Qui m'expliquera, par exemple, la raison pour laquelle la couleur jaune devrait être la couleur dominante de celle-ci? Je sais tout du jaune dans l'oeuvre de Proust, sais du moins, ayant lu Georges Raillard, qu'il y est la couleur du désir. Je ne sais rien, en revanche, du jaune dans l'oeuvre de Claude Simon; sais seulement, tournant les pages d'*Histoire*, et pour ne prendre que cet exemple, que les choses, l'une après l'autre, s'y dégradent dans le jaune: "fauteuils de satin jonquille" (p.25), "lanterne jaunâtre" (p.27), "petites flammes jaunes des cierges" (p.29), "visage jaunâtre" (p.29), "jaune lumière de la lampe" (p.30), "poussiéreuses pataches peintes en jaune" (p.32), "photographies maladroitement prises pâles jaunâtres" (p.32), "le jaune pâle du désert" (p.34), "une couronne de baronnet en cuivre jaunâtre et terni" (p.43), "filament incandescent et jaunâtre" (p.47), "lueur égale, intemporelle et jaune" (p.48), "alcool jaunâtre" (p.49), "alpaga jauni" (p.52), "profondeurs caverneuses sanglantes et jaunes" (p.56), "salon jonquille" (p.62), "vieux chicots jaunis" (p.77), "Jonquille ou plutôt citron pâle" (p.78), "les perruques grises, les visages jaunes" (p.87), "les petits rectangles tachetés sépia couleur de feuilles mortes" (p.94), "le robinet de cuivre terni sa bouche filetée d'un jaune plus clair" (p.94), "le buisson de lierre avec ses petites fleurs jaunes" (p. 94), "le dernier cheval avec ses longues dents jaunes" (p.102), "les pages jaunies" du dictionnaire (p.108), "cette base de pyramide tronquée faite de terre jaune et grumeleuse" (p.133), et ainsi de suite... N'ayant pas de goût particulier pour les inventaires, je n'irai pas au-delà.

Toutefois, je n'ai pas arrêté ma lecture n'importe où. Cette "pyramide tronquée faite de terre jaune et grumeleuse" est une tombe. Tombe que l'on vient de creuser, et devant laquelle se tient Charles, l'oncle du narrateur.

> seins sous la robe couleur de fruits de pêches vert rose rouge velouté vert de nouveau rouges se dégradant dans le jaune et leurs pointes pâles
>
> exsangues aussi, son nom même pas encore gravé sur une dalle, et lui, lui qui ne pouvait que perdre les femmes, se tenant là, devant cette tombe fraîche, à regarder la terre remuée qui commençait déjà à sécher, prenait une teinte plus claire, presque

> blanche sur le dessus des mottes, crayeuse *dans le Bassin Parisien prédominent les sols calcaires sédimenteux les sédiments sont des débris arrachés par l'érosion aux parties émergées de l'écorce terrestre depuis les solidifications primitives la plupart des roches calcaires — la craie est la plus connue — beaucoup de roches siliceuses sont constituées par des organismes animaux: monocellulaires à carapaces éponges coraux échinodermes mollusques Sommes-nous par exemple en présence de calcaires ou de marnes finement stratifiées contenant de petits gastéropodes à coquille mince: c'était probablement un lac sans tempêtes Une bouillie de coquilles Saint-Jacques des moules des pastelles de petits gastéropodes: nous sommes au rivage Des sables des marnes contenant des oursins des ammonites des bélemnites des térébratules: la profondeur augmente...*
>
> il y avait un camp d'aviation non loin du cimetière un appareil passa très bas lui fit lever la tête puis il prit de la hauteur disparut au-dessus des...[28]

Texte interrompu, mais qui, repris à la première personne, se poursuit quelques pages plus loin, extrait, à ce qu'il semble, d'une lettre de Charles.

> "J'ai entendu le bruit et j'ai levé les yeux. Je l'ai vu grandir peu à peu tandis qu'il se rapprochait en s'élevant. Le nouveau terrain d'aviation n'est pas loin. Il était presque au-dessus de moi et j'avais la tête complètement renversée en arrière quand il a tourné. [...] Je l'ai cherché des yeux mais il avait disparu. Pourtant j'entendais encore le bruit. Les fumées des usines étaient toutes inclinées dans le même sens. Je ne sais pas combien de temps je suis resté là: peut-être une heure, peut-être cinq minutes. Mais il n'y avait rien d'autre à voir: toujours cette base de pyramide tronquée faite de terre jaune et

[28] p.120-121. Les citations respectent la typographie de Claude Simon.

> grumeleuse dont les mottes minuscules blanchissaient sur le dessus, les jeunes herbes, les petites feuilles étoilées en forme de harpons, velues, et moi pensant 'Il doit bien y avoir quelque chose que je ne sais pas voir', essayant de voir d'où (c'est-à-dire le point de rencontre, de fusion ou si tu préfères de passage: je veux dire l'endroit où la terre friable et jaune en se combinant avec je ne sais quoi — l'eau de pluie, la lumière — devient tige, feuille, vert) elles sortaient: par une faille entre deux mottes. Et alors l'envie de me pencher et d'écarter les mottes pour voir encore d'où..."[29]

La tombe est anonyme, on l'a appris plus haut. Dernière demeure de l'épouse de Charles, qui sait? C'est sans importance, en fait. La tombe à personne. Juste une halte, un petit arrêt. *Sta viator* du livre à son lecteur, sur le chemin compliqué par lequel il le mène vers les rives de la Meuse, dans ce bois de Jaunay où la mort faucha Antoine Simon. Une tombe souvent en cache une autre.

Pour l'heure, il est vrai, et jusqu'en cet endroit du livre, en son dernier chapitre, ce n'est encore qu'un morceau de bristol, photographie sur une carte postale. Mais carte agencée, montée, comme on dit au cinéma d'un plan ou d'une séquence, de telle sorte que le lecteur alors ne puisse douter qu'il n'accède enfin à la véritable *chronologie des événements*.

> [...] Dans le Bassin Parisien prédominent les sols calcaires sédimenteux les sédiments sont des débris arrachés par l'érosion aux parties émergées de l'écorce terrestre depuis les solidifications primitives la plupart des roches calcaires — la craie est la plus connue — beaucoup de roches siliceuses sont constituées par des organismes animaux: monocellulaires à carapaces éponges coraux échinodermes mollusques sommes-nous par exemple en présence de calcaires ou de marnes finement...
>
> entassée de façon à former une pyramide

[29] p.132-133.

tronquée de faible hauteur la terre faite de petites mottes de grumeaux plutôt dont la partie supérieure plus aérée et par conséquent plus sèche commence à se décolorer devenant d'un jaune blanchâtre en même temps qu'elle prend un aspect friable j'ai entendu le bruit et j'ai levé les yeux l'avion montait dans la lumière étincelant

... stratifiées contenant de petits gastéropodes à coquille mince c'était probablement un lac sans tempêtes une bouillie de coquilles broyées par les vagues des galets des huîtres des coquilles Saint-Jacques des moules des pastelles de petits gastéropodes nous sommes au rivage des sables des marnes contenant des oursins des ammonites des bélémnites des térébratules la profondeur augmente...

seins sous sa robe couleur de fruits de pêches vert rose rouge velouté vert de nouveau rouges se dégradant dans le jaune comme une peau de fruit et leurs pointes pâles exsangues presque puis rien qu'un nom gravé sur une dalle

et pour lui même pas de nom tombe anonyme cette carte que quelqu'un avait envoyée LUZY (Meuse) Cimetière hémicirculaire élevé par les Allemands pendant l'occupation, avec écrit au-dessous de l'écriture penchée épineuse orgueilleuse "pour nos morts et les leurs" Une croix de Malte en fer peinte en noir surmontait chacun des deux montants du portail le mur était fait de pierres inégales aux contours polygonaux les joints apparents l'ensemble imitant des craquelures Il y avait des avoines folles des graminées au premier plan le reste était entouré par la forêt paisible silencieuse des taillis serrés quelques bouleaux Derrière la grille de fer on pouvait voir un chêne poussant au milieu des tombes sans doute faisait-il un léger vent une partie de son feuillage bougeait chaque feuille faisant sur la photographie une courte trainée oblique floue toutes dans le même sens comme des hachures on pouvait entendre chanter des oiseaux[30]

Le paragraphe qui se rapporte à la mort d'Antoine Simon, au lieu de son inhumation, jouxte désormais le paragraphe, transporté de la page 120, et dans lequel Claude Simon recopiait quelques lignes de je ne sais quel ouvrage savant sur la formation du Bassin Parisien, entre trias et crétacé. Le texte s'écrit maintenant en romain, ce n'est plus une citation, texte endogène à l'oeuvre, à cette geste du père dont il constitue, en quelque sorte, la part la plus intime, le noyau essentiel.

Ainsi de même, dans *Leçon de choses*. Nous sommes en 1940. Des dragons se sont barricadés dans une ferme. Est-ce bien une ferme, d'ailleurs? Quelque habitation abandonnée mais qui ressemble étrangement à cette auberge où, 44 ans avant l'affaire du bois de Jaunay, et à 30 km seulement de Luzy, sur la même ligne de défense pour ainsi dire, une poignée de soldats qui appartenaient à un régiment d'Infanterie Coloniale repoussèrent, des heures durant, les assauts d'une division bavaroise. Maison dite aujourd'hui de la Dernière Cartouche que l'on visite toujours à l'entrée du village de Bazeille, et où est exposé le tableau d'Alphonse de Neuville qui servit de modèle à la description que donne *La Bataille de Pharsale* de l'héroïque fait d'armes, mais que *Leçons de choses* vient réinvestir après coup, avec cette facilité, une exceptionnelle science des aises, qu'a la mémoire simonienne d'entrer dans un tableau et de s'y installer sans en rien déranger. Même trou au plafond, même blessé qui agonise et dont "le gargouillis [...] s'élève régulièrement dans le fond de la pièce du lit où on [l'] a étendu"[31], et, sur la gauche, même matelas, le même copie conforme, dans son enveloppe "à petits carreaux bleu pâle, bleu foncé et blancs"[32]... Claude Simon, avec ses souvenirs, s'est glissé comme un chat parmi les fiers Marsouins, et c'est toute une scène de sa guerre à lui qui se rejoue alors dans un décor d'emprunt...

Un décor, toutefois, qui n'est pas n'importe quel décor. Qui

[30] p.383-385.

[31] *Leçon de choses*, Éditions de Minuit, 1975, p.28.

[32] p.49.

est, on l'a compris, le décor de l'Autre, et où, selon le rite, se lisent les paroles consacrées.

> Le tireur peut encore lire facilement le titre du paragraphe imprimé en gras mais il est obligé de rapprocher le livre de la fenêtre pour déchiffrer le texte en fins caractères: Nous n'avons parlé jusqu'à présent que de l'action des eaux continentales sur les pierres et les terrains; mais l'eau des mers peut agir aussi. Le vent soufflant à la surface de la mer produit les vagues, qui viennent parfois se jeter avec violence sur les côtes. La mer entame alors les bords du continent, elle fait effondrer les roches et les terres, elle arrache les pierres les plus dures et les roule dans les eaux. Comme dans le cas des eaux continentales, les roches seront détruites par la mer avec une inégale rapidité, suivant leur plus ou moins grande résistance. Lorsqu'une même roche aura des parties compactes et d'autres qui seront plus molles, les premières, moins vite démolies par les vagues, formeront au milieu de la mer des colonnes ou des piliers. Ainsi à Etretat (fig.111), à Dieppe, etc., la craie qui forme les falaises au bord de la mer a des parties très friables et d'autres plus solides. Les premières s'écroulent plus vite et c'est ainsi qu'on voit se former sur le bord de la mer de grandes arcades de rochers soutenues par les parties les plus résistantes qui en forment les piliers. Au premier plan de l'image, les lignes qui représentent la mer s'espacent et s'épaississent à la fois, laissant entre elles par endroits des vides blancs, allongés et un peu boursouflés, comme de faibles rouleaux d'écume. A l'intérieur de chaque vague, les galets qui forment le fond semblent se soulever dans l'eau transparente, comme un tapis qu'on roulerait, puis la crête de la vague se brise et ils réapparaissent à leur place primitive pour se soulever de nouveau. Les vaguelettes viennent mourir l'une après l'autre sur le rivage avec un bruit frais. Il semble que çà et là des reflets roses jouent sur l'eau vert pâle. Le

> pourvoyeur pousse le coude du tireur Ho Charlot j'te cause tu m'entends merde c'est le moment de bouquiner kes'tu lis? Il lui arrache le livre des mains, oriente les pages vers la fenêtre et lit le titre en caractères gras: 145. DESTRUCTION DES COTES PAR LES VAGUES. Il dit merde et la destruction des cons comme nous où c'est qu'ils en parlent? Il jette rageusement le livre.[33]

Falaises, masses sédimentaires dont les dépôts se sont accumulés entre trias et crétacé... Je n'ai pas à démontrer, j'imagine, que cette leçon de choses a ici la fonction qu'avait tout à l'heure ce morceau d'érudition relatif à la formation du Bassin Parisien. Toutes les routes qui mènent à Luzy, routes de l'oeuvre, ont à faire le même détour par le jurassique. Falaises normandes, escarpements crayeux du Jura, sols calcaires du Bassin Parisien, tous, ils appartiennent à une même ère géologique. Temps profond de l'oeuvre, il en mine sournoisement la surface, tandis que s'y agitent, pathétiques, dérisoires, de si beaux capitaines. Tandis qu'elle (elle, la surface, la nature ou quoi?) s'ouvre sous leurs pas...

*

Sur les pas de la Mère, dont la quête nous est décrite au début de *L'Acacia*, "Elles allaient d'un village à l'autre"[34], je suis, à mon tour, l'autre été, parti à la recherche du Père. De sa dépouille, de ses restes mortels.

Muni des seules indications que me donnaient *Histoire* et *L'Acacia*, je me suis rendu sur place, à la corne du bois. *Dextrum cornu*, la corne droite,

> la corne?
> j'attendais
> de nouveau il fit entendre le même bruit en rejetant sa fumée Et après?

[33] p.94-96.

[34] p.11.

ejus: de lui
alors?
je me taisais
et quidam?
quidam?
où est-il passé?
je me taisais

Version latine, dans *La Bataille de Pharsale*[35]. On s'essaie, tant bien que mal, à traduire le paragraphe 88 du Livre III des *Commentaires* de César sur la Guerre civile. Un texte de langue morte, mais un texte où se donnent à lire, par bribes et comme en palimpseste, les actes relatifs à la mort du père et au lieu de sa sépulture, et qui est le texte entre les lignes duquel je me frayais un chemin, lorsque, certain après-midi du mois d'août, je me trouvais à la corne droite (*dextrum cornu*) du bois que constituent les forêts de Dieulet et de Jaunay, sur le territoire qui dépend de la commune de Luzy-St Martin, dans l'arrondissement de Stenay.

On quitte le village, sur la gauche, par une voie mal empierrée qui s'enfonce dans les champs et que l'on suit jusqu'à une bifurcation dont on emprunte la branche de droite durant plusieurs centaines de mètres. Il ne viendrait d'ailleurs à l'esprit de personne d'aller au-delà, car le regard est alors arrêté par le spectacle d'un monument dévasté, dominant la vallée qui descend en pente douce vers la Meuse, ou plutôt d'un tas de pierres tant on semble s'être acharné à le détruire. Monument aux morts? Mausolée? Difficile à dire. Il y avait bien des inscriptions, mais les plaques où elles étaient gravées ont été retirées de leur logement... Ne pas rebrousser chemin, cependant, car, en continuant, on découvre à main droite, un sentier. Ce n'est pas, à proprement parler, un sentier; de l'herbe foulée, à la lisière d'une prairie, avec, ici ou là, même, quelques empreintes de pneu. La piste, si l'on me passe le mot, mène à la forêt, sous le couvert de laquelle, non visible du chemin, s'amorce un escalier. Sept marches, à demi dissimulées sous les ronces, deux d'abord, puis cinq, qui débouchent sur une allée, sous bois; sur une sorte de galerie, pour être plus précis, un tunnel de verdure qui vous donne l'impression, une impression que ne m'ont communiquée aucune des

[35] p.52.

forêts que j'ai pu visiter, de plonger dans la lumière glauque d'un puits.

Au fond du puits, au bout de l'allée, la surprise. S'élevant à plus de trois mètres de hauteur, un mur de pierres meulières, assemblées en joints apparents par de grossiers cordons de ciment se développant en racines de lierre, et qui forme un cercle parfait de seize mètres de diamètre. Non du tout un hémicycle, *Histoire* se trompe sur ce point, suivant le texte erroné de la légende qui figure au bas de la carte postale que décrit alors le narrateur mais que rectifie *L'Acacia*. "C'était, y est-il dit, un tout petit cimetière, circulaire, d'une vingtaine de mètres de diamètre au plus, entouré d'un mur de pierres meulières comme on en voit aux pavillons de banlieue et dont les piliers de chaque côté du portail étaient surmontés d'une croix de fer peinte en noir."[36]

Plus aucune trace de peinture, s'il y en eut jamais, sur les dites "croix de fer", où *fer* ne désigne pas une matière mais une forme. Deux croix, est-il écrit; une par pilier. Mais le pilier de droite, aujourd'hui, est privé de la sienne, laquelle gît à ses pieds, brisée en deux morceaux. C'est comme le portail, qui n'est plus qu'un souvenir. Seules en sont encore visibles les pattes de scellement. L'entrée est libre.

J'entre.

Au centre, une banquette de pierre, elle-même circulaire, d'un diamètre de deux mètres cinquante, et qu'abrite un chêne de belle taille.

Tout récemment débarrassée des herbes folles qui ont envahi l'édifice, une bande de terre court parallèlement au mur d'enceinte, sur toute sa circonférence. Terre grasse, retournée il y a peu. Le pied enfonce, dès que l'on s'approche du mur. Il faut pourtant s'en approcher, quelque répulsion que l'on éprouve à le faire, faute autrement de ne pouvoir même pas épeler à tâtons, comme font les bergers illettrés d'Arcadie, "mains écartant les ronces découvrant essuyant le marbre le débarrassant des feuilles collées"[37], les caractères rongés de mousse des inscriptions gravées sur les trois plaques qui y sont suspendues, et dont j'ai pris la copie:

[36] p.25.

[37] *Histoire*, p.121.

PLAQUE DE GAUCHE

Unter den hier ruhenden Franzosen
befinden sich

ARNOUX Gabriel	MORETTIE Eman.
BLAUD Abel	MAMBOUR Ippol.
BOURJAC Théoph.	MANESCAU Rom.R.
BOURDET Joseph	REGIUS Marius
BOULBES Louis	SUBRA Jean
ELICAT Joseph	SUAUT Dom.
FERNANDON Simon	CABAN Isidor
LE NEINDRE Emile	MADENE Etienne
GINESTE Frédér.	
GUIRAUD Louis	

Sämtlich den Regimentern
8 und 24 angehörend
sowie zwei unbekannte Offiziere

PLAQUE DU FOND

HIER
RUHEN IN GOTT
118 DEUTSCHE u. 82 FRANZÖS.
KRIEGER
DIE IN DEN TAGEN VOM
26-28 AUG. 1914
IN UND AN DIESEM WALDE
EINANDER BEKÄMPFEND
GEFALLEN SIND

HERR LEHRE UNS BEDENKEN
DASS WIR STERBEN MÜSSEN AUF
DASS WIR KLUG WERDEN
Psalm 90, v.12

PLAQUE DE DROITE

Unter den hier ruhenden Deutschen
befinden sich
[suivent des noms à consonance germanique]

Je reprends.

Arnoux Gabriel, Blaud Abel... Fernandon Simon: politesse ou ironie de la Providence. Ce n'est pas lui. Ce n'est jamais lui. Pour le père, ce n'est jamais le lieu ni le moment.

... Morettie Eman., Mambour Ippol., Manescau Rom. R., Regius Marius: on dirait d'un légat de César. L'ombre de Pharsale plane sur le site, la grande ombre de Crastinus qui est le héros de Pharsale. *Crastinus dies*, demain. Le temps du père, toujours renvoyé à plus tard, *sine die, sine loco*, perpétuel ajourné.

Nous sommes tous destinés à mourir, à retourner à la glèbe, psalmodie l'épitaphe. La leçon est à prendre à la lettre. N'ai-je pas appris du maire de Luzy que je suis allé consulter sur l'identité de l'officier inconnu qui appartint au 24e régiment d'Infanterie et qui ne pouvait être que l'homme que je cherchais, que la fosse commune était vide? C'est très volontiers que le digne magistrat m'a montré une lettre datée de 1991, et à lui adressée par le secrétariat aux Anciens Combattants, lettre où il lui était demandé de s'expliquer sur les raisons de cette exhumation et s'il savait ce que les corps étaient devenus. Monsieur le Maire, en vérité, n'en avait pas le moindre soupçon; évidemment au fait des fouilles entreprises par l'Allemagne, l'année précédente, mais qui en était resté à l'idée que ces fouilles n'avaient rien donné. Quelques boucles de ceinturon, bidons rouillés, débris divers, sans intérêt... Devant mon désappointement, monsieur le Maire a tout de même consenti à me suggérer d'aller me renseigner auprès de l'abbé Meiller. Si quelqu'un dans le pays avait eu vent de quelque chose, ce ne pouvait être que lui.

J'avais l'adresse, 7 rue de la Chamalle, à Cesse, département de la Meuse. Je m'y transportai, aussitôt. Une maison isolée, tout au bout du village. Après, commencent les champs. On y accède par la cour, une cour encombrée de pierres, de fossiles, ammonites, bélemnites... Visiblement, l'abbé est un naturaliste. J'ai sonné, personne. "Oh! Vous savez! Il va, il vient...", m'ont dit les gens du voisinage. Je ne pouvais m'attarder, il me fallait rentrer.

J'ai téléphoné, plusieurs jours de suite. Sans succès.

Puis j'ai abandonné, bien décidé désormais à m'en tenir à ce que j'avais vu: le corps a disparu, la terre l'a repris. La combe. Altérations de *tumba*, du moins les savants l'ont-ils un moment conjecturé, sur la foi d'une ressemblance trompeuse avec *catacombes* (*catatumbas* ou tombes souterraines), dans le préfixe grec duquel le grammairien Diez, de son côté, croyait même reconnaître le bas-latin *catare*, regarder, qu'on trouve dans *catafalque*.

De sorte qu'à ses yeux *catacombes* ne pouvait rien désigner d'autre que "tombes à visiter"...

*

J'ai presque fini. Le temps de lire encore une page de *Triptyque*, et, ma foi, tout sera dit du peu que j'avais à dire. Quand nous serons descendus dans cette vallée que cernent des falaises de roches grises. C'est cela même, une combe. Il fallait bien, à force, que l'oeuvre y vint.

> La vallée est orientée à peu près exactement d'est en ouest. A l'est, ses flancs se rejoignent pour former un cirque rocheux en cul-de-sac au fond duquel se trouve la source de la rivière: une fissure horizontale, comme une bouche d'où sort en même temps une haleine glacée. A l'intérieur de la caverne le plafond de roches s'abaisse en s'obscurcissant jusqu'à rejoindre, semble-t-il (l'obscurité alors empêche de distinguer nettement), la nappe liquide et noire glissant silencieusement hors des ténèbres souterraines. Parfois une goutte se détache de la voûte suintante et provoque à la surface un rond de rides concentriques qu'emporte le courant. Le silence est tel qu'il semble dominer le bruit de l'eau qui, un peu plus bas, rebondit en se tordant, blanche et tumultueuse, entre des amas de roches qui encombrent le lit de la rivière et la divisent en une multitude de petites cascades bouillonnantes. Peu après les berges

> s'élargissent et la rivière, qui coule d'abord rapidement, peu profonde, sur un lit de cailloux, ralentit son cours et commence à serpenter à travers les premières terres cultivées entre les rives bordées d'osiers et d'arbustes, transparente, glacée et pure sur le fond ocre du tuf où parfois file comme une flèche la forme noire d'une truite qui disparaît sous l'entablement de la rive. Plus tard la rivière rencontre une première cascade, puis celle de la scierie, avant de dessiner un grand S dont la seconde courbe contourne les premières maisons du hameau qu'elle traverse ensuite, enjambée par le pont. [...] En aval du pont se trouvent l'église, un autre groupe de maisons, la mairie, l'école, et, sur la droite, le cimetière. Quelques rares tombes sont couvertes de dalles de marbre noir, poli, où sont gravés en lettres dorées les noms des familles. D'autres ont de simples dalles de pierre. La plupart des tombes sont constituées de petits tertres rectangulaires à la tête desquels est plantée, parfois de guingois, une croix de fonte rouillée au dessin ajouré. [...] Les noms des morts sont inscrits en noir sur de petites plaques émaillées, blanches [...]. Ailleurs, des pots, parfois même de simples boîtes cylindriques, sont aussi disposés à leurs pieds. Sur les flancs des boîtes dorées par la rouille on peut quelquefois lire encore les noms de marques de conserves, comme si elles avaient contenu quelque nourriture apportée là, selon d'anciens rites, pour apaiser la faim des morts.[38]

Le cirque rocheux, en cul-de-sac; la bouche d'ombre; l'haleine glacée de la source d'où l'oeuvre, en s'épanchant, dessine un grand S, une oeuvre sinueuse, s'il en est, lente, limoneuse, comme la Meuse poussant son chargement de péniches, de barques funéraires (dans le mot *combe*, Du Cange, au XVIème siècle, préfère entendre *cymba*, bateau, sous le prétexte qu'il y avait à Rome, non loin de la voie Appienne, et donc à proximité des catacombes, une station pour les

[38] *Triptyque*, Éditions de Minuit, 1973, p.67-69.

bateaux, et par assimilation de la concavité d'une barque à celle d'un vallon), lourdes nefs, toutes pleines à ras bord de viandes, de nourritures, "pour apaiser la faim des morts".

Bogny-sur-Meuse

LA MÉMOIRE, L'ÉCRITURE, LE ROMAN
RÉFLEXIONS SUR LA PRODUCTION ROMANESQUE DE CLAUDE SIMON

Gérard Roubichou

> *"Quelle est la phrase que vous aimeriez qu'on retienne de vous ?" Claude Simon: "Peut-être celle qui vient à la fin de La Route des Flandres" : "Comment était-ce ? Comment savoir ?" Cela ressemble au "Que sais-je ?" de Montaigne. Une interrogation, donc...On pourrait la mettre en exergue à tous mes livres. C'est en partie pour répondre à cette question que j'écris."* (*L'Evénement du Jeudi*, 31 août - 6 septembre 1989)

En 1989, au moment de la publication de *L'Acacia*, Claude Simon rappela, à plusieurs reprises, dans des entretiens de presse que, dans son oeuvre, "rien n'est fictif". Et, ajouta-t-il même, «à partir de *L'Herbe*, mes livres sont tous à base de vécu, expression que je préfère à "autobiographie"» (*L'Evénement du Jeudi*, 31 août - 6 septembre 1989). Cette "disparition progressive du fictif", pour reprendre encore une autre expression de l'auteur (*Libération*, 31 août

1989) qui caractériserait son oeuvre, peut évidemment intriguer[1]. On pourrait même y trouver une révélation qui viendrait contredire ou, du moins, corriger d'autres déclarations sur le "cheminement de l'écriture", le travail de production de la narration, dont certains textes, je pense à la Préface manuscrite d'*Orion aveugle*, ont souligné sans ambiguïté l'importance dans l'oeuvre.

Les choses, reconnaissons-le, ne sauraient être aussi simples: en évoquant, de façon quelque peu explicite, mais non nouvelle[2], le mouvement qui parcourt les romans jusqu'à *L'Acacia* ("il y a de moins en moins de fiction dans mes livres"), Claude Simon nous invite au contraire, à l'occasion du présent Colloque, à reparcourir sa production romanesque à partir de ce qui, selon moi, en constitue une des problématiques essentielles, à savoir la dialectique du "vécu" et du travail de l'écriture.

Celle-ci a été définie, en des termes très clairs, par l'auteur lui-même, dans *Le Discours de Stockholm*:

> *[...] lorsque je me trouve devant ma page blanche, je suis confronté à deux choses: d'une part le trouble magma d'émotions, de souvenirs, d'images qui se trouve en moi, d'autre part la langue, les mots que je vais chercher pour le dire, la syntaxe par laquelle ils vont être ordonnés et au sein de laquelle ils vont en quelque sorte se cristalliser* (p.25).[3]

[1] "[...] depuis *L'Herbe*, il y a de moins en moins de fiction dans mes livres, ils sont à peu près tous à base de vécu plus ou moins proche" (*Révolution*, 29 septembre 1989). Voir aussi, l'entretien avec Lucien Dällenbach, (in *Claude Simon*, Ed. du Seuil, 1988, p.171): "[...] à partir de *L'Herbe* tous mes livres sont plus ou moins à base de vécu [...]".

[2] Dans une déclaration au journal *Le Monde*, le 8 octobre 1960, Claude Simon déclarait: "Je suis incapable d'inventer quoi que ce soit". Voir aussi *Les Nouvelles Littéraires* du 3 mai 1962: "Je ne peux parler que de moi".

[3] Toutes les citations des oeuvres de Claude Simon renvoient aux textes publiés aux Editions de Minuit.

I. Eléments d'une stratégie narrative

Je partirai d'une oeuvre un peu passée sous silence de nos jours, *Le Vent*, qui, dès 1957, peut être considérée comme une des premières tentatives (à tous les sens du mot) du traitement de cette dialectique du vécu et du dire — ou, si l'on préfère, de la tension entre un désordre et la recherche d'un ordre, celui du langage, du récit et, nous ne saurions l'oublier, celui également de la composition.

Dans *Le Vent*, le récit est organisé autour d'une instance narrative personnalisée, un "je" anonyme, certes, mais bien présent et au travail dans l'oeuvre (le producteur du récit), et d'un "personnage" assez complexe, Montès (ce "il" qui constitue l'élément référentiel à partir et au sujet duquel s'écrit le roman). Il en résulte une stratégie narrative qu'on peut brièvement résumer autour de trois grandes caractéristiques :

(a) l'instance narrative nous indique qu'elle travaille sur des données fragmentaires, recueillies dans le temps au gré des entretiens et des rencontres avec Montès, avec le notaire, avec Rosa, etc.;

(b) la relation des événements que nous lisons s'appuie sur des propos rapportés ou sur des données inventées ou réinventées et se livrant comme telles, le narrateur comblant, en quelque sorte, les trous (mais non systématiquement), imaginant même purement et simplement l'aventure de Montès sans nous le cacher. Nous avons donc ce que l'on a pu appeler un récit en gestation, c'est-à-dire un récit d'événements considérés comme ayant été "vécus" dans le passé du personnage et rapportés comme tels (ce que signifie la distance temporelle inhérente aux temps traditionnels du récit) ; mais ce récit fondé, en grande partie, sur une remémoration et même sur la remémoration de cette remémoration se désigne également comme une reconstitution, voire une réinvention (d'où le recours — non contradictoire — au présent à l'intérieur de ce récit au passé pour assurer la narration de ce passé);

enfin, (c) le récit produit une fiction qui, à aucun moment, n'est définitive ni objective et ne vise aucunement à l'être. "Tentative de restitution", le texte dit explicitement ce qu'il est, une des "mille et une versions, [un des] mille et un visages d'une histoire".

Telle fut une des grandes nouveautés qu'apportait *Le Vent* en 1957. Selon moi, ce devait être, pour la production simonienne qui allait suivre, une étape décisive.

Une double "instabilité" s'y révèle: celle du processus de sa narration (tout un dispositif s'y déploie pour associer le lecteur à la dynamique du récit) et celle qui est liée à la virtualité de relancer le texte au-delà du roman qu'on lit, bref de rendre possibles d'autres "versions".

Certes, je n'aurais garde d'oublier (ceci dit sans vouloir minimiser la réussite de l'oeuvre) que, dans *Le Vent*, la recherche d'une "vraisemblance" narrative reste manifeste : qu'on le veuille ou non, il y a encore dans cette oeuvre de nombreux signes renvoyant à l'illusion d'une fiction "antérieure" à la narration qui la met en oeuvre; il y a encore une "psychologie" du personnage — du fait même de l'existence d'un personnage (je renvoie, entre autres, à la page 146) avec les incohérences qui le caractérisent et qui servent à "justifier" certaines pratiques de l'instance narrative, par exemple, les trous de mémoire de Montès, le fonctionnement particulier de son esprit ou de son cerveau, les intermittences de ses rencontres avec le narrateur, les lacunes de ses récits, etc.

La leçon du *Vent* ne sera pas perdue, puisque l'on pourrait aisément démontrer par de multiples exemples empruntés aux romans publiés ultérieurement que les éléments de la stratégie narrative que nous venons de relever y sont à l'oeuvre.

Mais une rupture se produit à partir de *L'Herbe*: le traitement narratif du "vécu" va s'effectuer, non plus autour d'un couple aux composantes distinctes (un narrateur ET un personnage), mais à partir d'une instance narrative multiforme (que j'ai proposé ailleurs d'appeler un "scripteur" — c'est-à-dire une instance narrative explicitement à l'oeuvre dans l'oeuvre, mais non personnalisée) dont tout le dispositif textuel vise à en rendre impossibles ou plutôt incertaines, d'une part, l'identification et, d'autre part, la localisation dans la temporalité (tant la temporalité du processus narratif que de la fiction qu'il produit). En d'autres termes, le lecteur est confronté aux questions suivantes: qui parle ? de qui/de quoi parle-t-on et où se situe le récit?

Confusion, dira-t-on, et l'on sait que certains détracteurs des oeuvres de Claude Simon n'ont pas hésité à utiliser le terme (je renvoie là encore au *Discours de Stockholm*). Mais pareille explication est trop facile : il suffit de relire attentivement les romans simoniens, d'en accepter les règles de lecture pour constater que ce qui peut passer pour confusion est avant tout le produit d'un savant et patient travail de "brouillage" dont je voudrais rapidement examiner quelques manifestations avant de tenter de les situer dans le cadre d'une conception de l'écriture du "roman".

2. *Le travail de brouillage ou la mémoire en écriture.*

1) La plus simple et la plus évidente manifestation de ce travail de brouillage est magistralement à l'oeuvre dans *La Route des Flandres* : il s'agit du brouillage de l'identification de l'instance narrative à travers une mobilité ou, mieux, une fluidité pronominale — entre le "je" et le "il" — et corrélativement à travers une (dé)multiplication des référents du pronom dans la fiction. Cette caractéristique est statistiquement, dans tout le reste des oeuvres, la plus répandue pour ce qui concerne le "il" qui peut, selon les cas, être assimilable, dans le processus de lecture, soit au "personnage" qui occupe le centre du récit ou à la conscience narrative qui sert de point de vision (c'est la notion de "foyer narratif" que j'ai évoquée ailleurs à propos de *L'Herbe*), soit à un "je" qui refuse de se dévoiler et qui, dans *Les Géorgiques* et dans *L'Acacia* notamment, renvoie à diverses identifications : un petit garçon, un cavalier, un visiteur, un "cerveau vieilli" (p.197), etc. en d'autres termes, un "il" à la fois pronom de l'impersonnel, de la multipersonnalisation et de l'impersonation (pour user d'un terme anglo-saxon) ; il peut devenir, enfin, cette instance par définition ouverte qu'est O., point-zéro, point-oméga, observatoire (et souvent voyeur), oeil, etc. Première, troisième personne, mais aussi tout un chacun et personne à la fois, il est tout à la fois les multiples perspectives de la narration sur l'objet décrit (voir, à ce propos, le texte de la rubrique O. de *La Bataille de Pharsale*, p.186). La richesse des récits simoniens repose, si l'on peut dire, sur la démultiplication des foyers narratifs qui l'engendrent et dont la psychologie comme la vraisemblance narrative traditionnelles ne peuvent suffire à rendre compte.

2) un brouillage de la distance temporelle : toute l'oeuvre de Claude Simon, on en conviendra aisément, est, depuis *L'Herbe*, le lieu

systématique d'une interrogation : quand cela se passe-t-il ? Si le passé évoqué n'est pas, comme nous venons de le rappeler, celui d'un personnage — dont on parle ou qui parle —, il n'est pas non plus certain qu'il se définisse comme un *passé* (au sens biographique ou historique du terme), car il est à la fois traité, suivant les moments de l'oeuvre, dans sa distance au présent (c'est-à-dire comme passé) et/ou dans la contemporanéité du temps de sa narration (ce fameux "présent de l'écriture" que Claude Simon définissait ainsi dans son *Discours de Stockholm*: "[...] l'on n'écrit (ou ne décrit) jamais quelque chose qui s'est passé avant le travail d'écrire, mais bien ce qui se produit (et cela dans tous les sens du terme) au cours de ce travail, au *présent* de celui-ci [...]" (p.25; voir aussi l'interview avec Dällenbach, in *Claude Simon*, p.172). Dès lors, l'explication par le seul phénomène de remémoration qui pourrait en constituer la raison d'être se doit d'être réexaminée, à moins de parler de mémoires perturbées ou troublées — ce qui ramènerait à l'explication par la confusion. Reconnaissons que nous sommes plutôt confrontés à une dynamique de la narration et du texte à partir d'un phénomène de remémoration qui n'obéit pas à des lois psychologiques, mais plutôt à des contraintes d'écriture.

3) Corollaire du précédent, le troisième brouillage porte sur la chronologie ou, si l'on préfère, sur l'organisation de la temporalité de la fiction. L'évocation des événements dont le texte romanesque nous fournit, parfois même de façon très explicite, le cadre chronologique (ceci étant encore plus visible dans *Les Géorgiques* et *L'Acacia*, roman dans lequel les chapitres sont même datés) n'obéit à aucune intentionalité historique, en ce sens qu'en narrant tel ou tel épisode ou tel ou tel événement, le scripteur ne cherche nullement à reconstituer une vérité objective, non plus qu'à découvrir, pour nous la livrer, la causalité externe, voire scientifique qui lierait les faits entre eux ou en expliquerait l'apparition. Il n'est, en aucune façon, un mémorialiste, même lorsque, dans *Les Géorgiques*, il travaille à partir de Mémoires. Hanté par le temps, le roman simonien ne l'est pas par la chronologie. Certes, la fiction s'inscrit souvent dans des repères chronologiques, généralement historiques (la guerre de 40, la débâcle, la guerre d'Espagne, la mobilisation, la Révolution française, etc.) ; ces repères permettent au lecteur de se situer dans des époques ou des moments qu'il est censé connaître (le roman simonien n'est en aucune façon an-historique, au contraire) ; mais ils ne sont pas, eux

non plus, semble-t-il, donnés pour plus certains (ou définitifs ou irréfutables ou invariables) dans leur narration que les événements "fictifs" auxquels ils servent de toile de fond et avec lesquels ils ont souvent une interaction, une imbrication très complexes. Enfin le travail d'évocation ne vise pas à servir la cause d'un narrateur qui, à la manière d'un Chateaubriand ou d'un Rousseau, chercherait à (re)construire sa ou "une" biographie. Il n'y a aucune manipulation chronologique à intention hagiographique.

4) Du fait de la complexité du dispositif dont je ne viens de tracer que quelques lignes de force très schématiques, nous sommes confrontés, nous lecteurs, à un brouillage du référent à quoi renvoie la fiction.

Depuis *L'Herbe*, la lecture est constamment traversée par une double incertitude : s'agit-il d'une fiction relative à un ensemble de personnages (dont le cycle de la famille de Reixach avec le Conventionnel, le capitaine de Reixach, Corinne, Georges, Pierre et Sabine, constitue la pièce centrale, mais non unique) et s'organisant peu à peu au gré de "remémorations" dont chaque oeuvre contient certaines données livrées selon des modalités de réminiscence très particulières à chaque roman ? Ou s'agit-il d'une fiction fondée sur la mémoire d'un scripteur qui pourrait, selon les cas ou les moments du roman, se confondre avec celle des "personnages" ?

Jusqu'à *Histoire*, on pourrait être conduit à privilégier la première hypothèse sans nécessairement la rendre exclusive de la seconde, dans la mesure où *Histoire* constitue un lieu central où convergent à la fois les données propres à l'histoire de la famille et cette recherche d'un passé dont le recours au "je" et la lecture/écriture des cartes postales viennent désigner un travail narratif en action. C'est, en effet, dans *Histoire*, par exemple, que s'observent, de façon très explicite, les "recoupements" les plus visibles entre les diverses formes de l'instance narrative, dont, entre autres avatars, je citerai le recoupement entre l'oncle Charles et le narrateur, entre l'oncle Charles et sa femme et le narrateur et Hélène ; comme si le récit tendait, à l'instar de l'histoire elle-même, à se répéter, sans totalement se recouvrir, conférant ainsi ce "tremblé" au phénomène de remémoration.

En revanche dans *Les Géorgiques* et *L'Acacia*, l'on constate que c'est le "passé" d'un scripteur qui pourrait bien plutôt constituer le lieu de remémoration de chaque oeuvre. Il se trouve que ce passé est fait de réminiscences constantes, de données — à la fois images et textes, souvenirs, scènes et phrases — qui paraissent aussi appartenir au "passé" des romans antérieurs (qu'on relise, à ce propos, toutes les pages de *L'Acacia* sur les cartes postales qui reprennent, parfois, mot pour mot, telle ou telle page d'*Histoire*); ces données, pour nombre d'entre elles, se présentent comme les grandes scènes récurrentes et obsessionnelles de l'oeuvre de Claude Simon : la mort du Conventionnel, celle du capitaine de Reixach qui toutes deux hantent les pages de *La Route des Flandres* et de *L'Acacia*, la déroute de l'escadron et l'expérience de la mort, les cartes postales, la jeunesse dans une famille dominée par les femmes et marquée par la religion, l'Espagne, qui renvoient également au *Palace*, à *Histoire*, etc.).

Nous nous trouvons en face d'un dispositif romanesque polyvalent : d'une part, chaque oeuvre fonctionne comme un ensemble où se déploie une fiction ; d'autre part, cette fiction semble conditionnée par des éléments appartenant à une conscience se souvenant et/ou imaginant, sans qu'il soit à aucun moment possible de conclure ni sur son identité ni sur la nature de l'évocation ; enfin, nous avons un travail d'écriture qui, parcourant le texte, joue à son tour, un rôle lui-même essentiel, véritable force en action dans le récit.

C'est pourquoi, à ce stade de notre rapide analyse, je n'hésiterais pas à dire que nous sommes au coeur de la production simonienne — de ce qui fait l'originalité et la spécificité de cet univers romanesque : une donnée "biographique" — un "vécu" — sert littéralement de matière première à l'écriture ; il est certain, en effet, que, par la récurrence de ses thèmes, de ses images, de ses souvenirs, de ses textes — tout ce que j'appellerai "les objets de mémoires"—, l'univers simonien apparaît comme une constante "exploitation" (au sens minier du terme) d'un gisement autobiographique, celui d'un scripteur qui ne se raconte pas, mais raconte ou plutôt produit un texte à partir de son expérience et en sa qualité de scripteur. S'il paraît "autobiographique" dans ses origines, ses "stimuli", dans son "suscitant" (selon les mots même de l'auteur), le roman simonien ne l'est pas dans sa visée: il est proprement a(nti)biographique. Ou si l'on veut bien me passer l'expression, en lui la "graphie" l'emporte sur la "bio". Le parcours scriptural — l'écriture et la composition du texte — qui s'alimente aux sources du "biographique", vécu antérieur à un processus de narration — apparaît comme recherche/réécriture d'un passé (il s'agit du "Comment était-ce ?") et, dans le même temps, en conditionne toute l'évocation ("Comment maintenant ?").

C'est en ce sens que, pour reprendre Claude Simon, le "non fictif" est important dans le processus de production: mais il ne peut, comme objet du récit, être déterminant, puisque toute une stratégie narrative le remet en cause, voire en jeu ou même en joue, stratégie sans laquelle il ne saurait exister, littéralement : prendre forme. Il est bien, comme l'a défini Claude Simon, le "prétexte", l'avant-texte. "Le texte est autre chose"[4].

3. Texte et composition

Se souvenir, c'est chez Claude Simon produire un texte en tentant de fixer, dans et par le langage, les objets de mémoire (souvenirs, images, citations, photographies, etc.), c'est-à-dire les décrire et les ordonner. Mais cette opération n'est pas sans risques. En effet, plusieurs forces sont à l'oeuvre. Nous allons rapidement les passer en revue, en notant, au passage, qu'il est impossible de déterminer celle qui est dominante, puisqu'elles fonctionnent indifféremment:

(a) l'imaginaire, d'abord. En effet à peine évoqué, l'objet est porteur d'autres objets ("en écrivant, dira Claude Simon, une foule d'autres images sont naturellement venues s'agglutiner à celle-là" (*Claude Simon*, p.181)). L'une des caractéristiques du texte simonien est, non pas la digression, phénomène rhétorique, mais la ramification, mouvement de dissémination, qui est d'ordre plus vital, comme nous l'indique métaphoriquement le début d'*Histoire* ou, un mouvement plus centrifuge, la prolifération. C'est le mouvement par lequel le texte peut évoluer à travers l'espace et le temps et qui fait du roman simonien un roman à variantes ou à variables. Je renvoie à ce sujet à la mort du Conventionnel, à celle du capitaine de Reixach ou à l'anéantissement de l'escadron.

Une analyse texte à texte des variantes de scènes livrerait de

[4] "[...] ces éléments biographiques sont le prétexte. Le texte est autre chose" (*Libération*, 31 août 1989).

singulières constatations : la principale serait que l'événement ou l'objet d'où part le texte n'"existe" pas et que s'il existe, ce n'est que par la variante ou les variantes que nous lisons. Tout objet de mémoire est, par définition, polymorphe ou, plutôt, polyscriptural.

(b) Viennent ensuite les forces propres à l'écriture et principalement au langage. Ce dernier fonctionne d'abord comme un régulateur ou un fixateur, puisque le choix d'un mot, la structure syntaxique adoptée, l'organisation même de la phrase vont déterminer pour l'ensemble du texte telle ou telle direction. On se rappelle les exemples avancés par Claude Simon lui-même: "le pont franchit la rivière" et "la rivière passe sous le pont", qui ne donnent pas la même lecture et ne conduisent pas nécessairement non plus au même texte. Fixateur, certes, mais également déclencheur, c'est-à-dire déstabilisateur, puisque les mots, comme nous l'a magistralement enseigné toute l'oeuvre simonienne, sont chargés d'un pouvoir d'évocation qui ne les rend pas inoffensifs, ou mieux inactifs — qu'ils soient eux-mêmes porteurs d'images (rêveries sur les mots) ou de sens (jeux de mots, calembours, etc) ou, même, d'autres mots.

Cette propension du langage à l'instabilité, à la bifurcation (pour reprendre un mot cher à Leiris, mais que Claude Simon ne pourrait renier) est, dans le processus scriptural de remémoration, un des éléments très actifs. C'est également, à un degré plus complexe encore, l'importance que l'on observe dans toute l'oeuvre des textes écrits (à commencer par le manuscrit des *Géorgiques*), et particulièrement les citations qui pourraient faire l'objet d'un très intéressant travail sur Claude Simon. La citation est à la fois un texte stable (un extrait de texte antérieur) et, à l'instar des autres objets susceptibles d'être explorés, un texte instable: ils sont parcellisés, déformés, repris, détournés de ce qui fait leur nature de textes (d'où l'utilisation subversive des italiques dans *Les Géorgiques*, les citations tronquées dans *Histoire*, les textes latins réduits à l'état de mots successifs, etc.).

Se remémorer, c'est donc, chez Claude Simon, chercher les mots (littéralement le "Comment dire ?") et, au cours de ce processus, c'est en gérer la dynamique — à savoir les substituer l'un à l'autre ("peut-être ou peut-être pas"), en assumer la prolifération, l'énumération, l'accumulation, en expérimenter la délectation musicale, morphologique et sémantique (car, malgré les études sérieuses que nous pouvons tous faire sur Claude Simon, il ne faut pas oublier, dans la lecture, la jouissance qui résulte du langage et de l'écriture), en prendre en compte toutes les dérives.

Ecrire, c'est se souvenir et se souvenir, c'est écrire. Telle est en fait la dialectique qui anime tout texte simonien. Au coeur du mouvement qui parcourt le roman se dégagent du "magma confus" des lignes de force selon lesquelles et autour desquelles vont s'articuler, s'entrelacer, s'entrerépondre, s'entrécrire, d'une part, le désir de retrouver ce qui fut et, d'autre part, l'inévitable poussée de l'écriture qui structure cette recherche et qui a le dernier mot. L'écriture, chez Claude Simon, est à la mémoire ce que la couleur ou la pâte est pour le peintre : un instrument avec lequel il faut compter, un passage obligé dont il a une certaine maîtrise, mais qui fixe lui-même certaines données de l'oeuvre.

Mais les romans de Claude Simon — et je parle ici des textes publiés que nous lisons — ne sont pas uniquement le champ d'un travail de remémoration et d'évocation sans contraintes, la simple conséquence d'une prolifération incontrôlée. Oeuvre individuelle, chaque roman, parce qu'il est un ensemble fonctionnel, un dispositif de récit, est conditionné par des lois de composition qui varient de l'un à l'autre en fonction du projet romanesque qu'il assume, lois qui interviennent dans ce vaste travail de restitution pour "recomposer", à tous les sens du terme, les textes qui le constituent.

Ce qui frappe, c'est que si nous pouvons, à travers la succession des oeuvres romanesques simoniennes, observer des fonctionnements communs (tout ce qui relève de l'étude de la technique narrative de Claude Simon), chaque oeuvre individuelle est un tout unique, un ensemble au sens presque mathématique du mot, ce qui la rend lisible et cohérente à l'intérieur de ses propres limites (de sa première à sa dernière page) : Claude Simon a, du reste, toujours insisté sur la construction et la composition de ses oeuvres, ce sont elles qui fixent leurs lois à l'univers individuel de chacune d'elles : circularité de *L'Herbe*, structure de chevauchement de *La Route des Flandres*, spirale du *Palace*, technique de la carte postale dans *Histoire*, etc.

C'est par rapport à ces contraintes que s'organisent, pour produire un roman, l'ensemble des textes produits par l'écriture, ces fragments qui sont essentiels à l'origine de tout le travail de Claude

Simon: cette fabrication, ce bricolage dont l'auteur nous a si souvent parlé (cette "main" qui feuillette et "lit" les textes dans *Les Géorgiques*), c'est non seulement un art de structurer les pièces du puzzle ("faire un texte qui se tienne"[5]), c'est l'opération essentielle pour que ce travail d'écrire "des" textes, comme aime le dire Claude Simon, quand il travaille, sans trop savoir où il va, à son prochain "roman", ce travail proprement d'écriture fondé sur la remémoration des objets de mémoire (et l'oeuvre entière de Claude Simon n'est-ce pas d'abord cela ?) ne soit pas, en fin de compte, livré au hasard, ne reste pas une belle coulée verbale, mais qu'il se transforme en roman: "un objet, disons scriptural — comme on dit un objet pictural — où les diverses parties s'équilibrent, où il y ait un jeu de miroirs, des renvois, que ça fasse un tout équilibré, bien construit..."[6], un univers fait d'un réseau de textes, de mots, d'images, une machine d'écriture à nulle autre pareille.

[5] "Mon propos n'était pas d'écrire la vie de Lacombe Saint-Michel; c'était de faire un texte qui se tienne" (*Révolution*, 29 septembre 1989).

[6] *Ibid.*

COMPOSITION II

mais comment savoir, que savoir ?
La Route des Flandres

LA MISE EN ABYME COMME PROCÉDÉ TEMPOREL: ÉVOCATION DE LA MÉMOIRE DANS *HISTOIRE*

Brian T. Fitch

Je voudrais étudier aujourd'hui la représentation de la mémoire dans *Histoire*, roman qui est caractérisé par son recours incessant à des mises en abyme sous forme de représentations à deux dimensions: cartes postales, photographies, affiches, etc. Mon point de départ sera fourni par la constatation d'une certaine incompatibilité entre un procédé formel, la mise en abyme, dont la configuration textuelle qui en résulte est de caractère spatial et toute représentation d'ordre temporel.

Dans le corps du texte, on remarque la prédominance, dans les formes verbales, des participes présents, constante stylistique, on le sait, du style simonien. Point n'est besoin de revenir sur mon analyse du rôle narratif des participes présents[1], laquelle date de près de trente ans. Il suffit de rappeler que ces formes verbales ont pour effet d'évoquer une durée sans début ni fin, l'image de ce qui est en quelque sorte suspendu dans une espèce d'éternel présent. Lorsque les participes présents servent à évoquer une condition ou un état de choses, figurant, par exemple, dans la description d'un décor naturel tel un paysage, l'effet créé n'a rien d'insolite et paraît tout à fait

[1] "Participe présent et procédés narratifs chez Claude Simon", *Revue des lettres modernes*, nos.94-9, "Un Nouveau Roman?", 1963, p.199-216.

naturel. C'est le cas de la description de l'arbre dans *Histoire*[2]:

> *et rien que ces soupirs contenus, furtifs, réprimés, des froissements, les feuilles du grand acacia frissonnant, s'animant tout à coup, comme si l'arbre s'éveillait de lui-même, se débattait, les myriades de folioles visibles et invisibles palpitant de proche en proche comme des plumes, puis retombant [...]* (p.28).

La manière dont les participes présents évoquent ce à quoi ils réfèrent ne diffère nullement de l'effet de la forme verbale de l'imparfait introduite par "comme si..."; il s'agit, dans les deux cas, de mouvements soit répétés soit continus.

La situation est tout autre lorsque les participes présents évoquent des mouvements effectués par des personnages, autrement dit des actes humains:

> *pouvant entendre dans le silence le pas claudiquant de la vieille bonne traversant la maison vide frappant ouvrant la porte du salon avançant sa tête de Méduse lançant d'une voix brusque furieuse et comme outragée elle aussi les noms aux consonances rêches médiévales [...]* (p.13-14);
>
> *descendant desserrant le frein la poussant hors du garage jusque dans la cour à la lumière ouvrant le capot et le regardant bloc piqué de rouille froid [...]* (p.316).

Au lieu d'une suite d'événements se trouve évoquée une série d'images de mouvements correspondant à des actes humains, mais sans liens temporels explicites les unes avec les autres. Chaque moment est perçu pour ainsi dire hors contexte, tel un acte désincarné en quelque sorte, dont ne sont évoqués ni le début ni la fin. D'où le résultat paradoxal d'une séquence de durées temporelles indéterminées, caractérisées par la continuité des mouvements qui les occupent, mais qui se trouvent ponctuées par des vides, par des hiatus, donc par un effet de *dis*continuité. Il y a donc une absence de points de repère dans un écoulement temporel qui n'en est pas un, car le

[2] *Histoire*, Éditions de Minuit, coll. "Folio", 1973.

temps ne progresse aucunement d'une manière continue. Bref, c'est le contraire d'un récit linéaire dont chaque verbe au passé simple évoque un pas en avant dans l'action de l'histoire et où les événements se suivent sans interruption tout en étant situés temporellement les uns par rapport aux autres.

L'effet de discontinuité et l'absence de points de repère temporels se trouvent renforcés par une prédilection certaine pour l'énumération qui fait que les éléments évoqués se trouvent juxtaposés les uns aux autres dans un rapport de pure contiguïté. Il en résulte un enchaînement d'images dépourvues de tout contexte temporel. Qu'est-ce à dire sinon qu'il s'agit d'images mentales? Si le temps des événements dont l'écoulement est mesuré par les horloges et les pendules a effectivement été éliminé, c'est qu'il a cédé au temps subjectif d'une conscience qui est en train d'éprouver ces images. C'est à l'esprit de ce dernier que la suite des images doit la continuité qui paraît au prime abord lui manquer. La perspective qui nous est donnée sur les images en question serait-elle donc celle de quelqu'un qui se rappelle les événements et les personnes qui ont figuré dans sa vie passée? Oui et non. Car nous constatons la fréquence de séquences d'images introduites pas l'expression "comme si", indice, par excellence, de la fictivité et de l'imaginaire. Bref, la mémoire et l'imagination se relaient continuellement de sorte qu'images du passé et images imaginées tendent à devenir interchangeables, comme le suggère le titre même du roman, *Histoire*, qui réfère à la fois à une fiction et à l'histoire du temps passé. (On pourrait prétendre, d'ailleurs, que tel est toujours le cas et que le temps passé ne saurait jamais être récupéré à l'état pur, sans les interférences d'éléments dont l'imagination seule est responsable.)

L'important pour le présent propos est que le statut temporel de l'ensemble de ce qui est évoqué par ce texte est problématique: même lorsque les images paraissent bien provenir du passé, leur situation à l'intérieur d'une époque révolue n'est jamais précisée. Ici, le temps, peut-on dire, fait problème. Ou plus exactement, ce sont la représentation et l'évocation du temps passé qui font problème sous cette forme particulière du temps dont on se souvient. Car le temps qui est évoqué, tel qu'il est capté par la mémoire, ne s'écoule point, arrêté, comme il l'est, par l'esprit se souvenant, miné en quelque sorte par la présence implicite d'un temps purement mental, situé dans ce que Roman Ingarden appelle "l'espace imaginationnel"[3]. Pour tout dire, comment parler d'une représentation adéquate du temps alors que le temps ne s'écoule même pas? Un temps qui se fige s'abolit tout simplement.

Les précédentes remarques relèvent de l'évidence. Ce n'est qu'en abordant maintenant le statut et le fonctionnement des mises en abyme que j'arrive à l'essentiel de mon propos. J'ai eu l'occasion de démontrer ailleurs[4] dans le menu détail le rôle joué par les représentations picturales dans le processus de la mise en abyme vu sous l'angle de la référence. Aujourd'hui, je voudrais me pencher de nouveau sur l'évocation des cartes postales et des photographies en particulier mais dans une tout autre perspective.

Remarquons tout d'abord que les cartes postales et les photographies servent ici de support à la mémoire, d'incitations à se souvenir — matière sur quoi travailler en même temps pour la mémoire et pour l'imagination. De prime abord, leur évocation s'oppose à celle de l'ensemble du texte où elles figurent par le fait que ce qui s'y trouve évoqué est tout à fait statique et immobile, et donc dénué de toute dimension temporelle, puisque sans mouvement, on le sait, il ne peut y avoir perception du passage du temps. Toute photographie — c'est l'évidence même — représente un seul moment du passé, figé à tout jamais par l'objectif de l'appareil de photo. N'empêche qu'il existe une parenté certaine entre l'image suscitée par le participe présent et l'instantané photographique. Précisons que ce qui s'oppose aux représentations visuelles que sont les cartes postales et les photographies, c'est *l'ensemble* de ce qui est représenté dans le reste du texte sous forme de souvenirs et qui avait eu bel et bien lieu dans un temps réel, même si toute dimension temporelle s'y trouve, comme nous l'avons vu, escamotée au niveau de la perception qui nous en a été donnée. A proprement parler, un souvenir a-temporel n'est pas un souvenir du tout. Or, ce sera la tâche inhabituelle — et combien insolite — de la mise en abyme que constitute telle ou telle évocation d'une carte postale ou d'une photographie de suppléer à

[3] *L'Oeuvre d'art littéraire*, Lausanne, L'Age d'Homme, 1983.

[4] Voir mon chapitre "When the Fictive Referent is itself a Work of Art", p.153-79 in *Reflections in the Mind's Eye: Reference and its Problematization in Twentieth-Century French Fiction*, Toronto, University of Toronto Press, 1991.

cette absence de temporalité. Voyons donc de plus près la manière dont un procédé formel dont la portée est spatiale puisqu'il opère au niveau formel du texte en tant que texte acquiert, dans le cas de ce roman de Simon, un caractère temporel.

Pour commencer, l'effet produit par les participes présents se révèle ici être tout le contraire de leur effet dans le corps du texte, au-dehors des mises en abyme. Ce renversement du rôle du participe présent est pour le moins curieux. Tandis que partout ailleurs dans le roman, comme nous l'avons vu, ils tendent à immmobiliser tout mouvement en le désincarnant et en le situant dans une sorte d'éternel présent, à l'intérieur des mises en abyme ils tendent à créer l'illusion du mouvement là où il n'y en a pas — ou plutôt là où il n'y en a plus, depuis que le mouvement en question a été arrêté, immobilisé par l'objectif du photographe:

> *puis le long navire plat et bas aux cheminées vomissant d'épais panaches de fumée charbonneuse, c'est à dire que des deux hauts tubes jumeaux noirs et luisants s'échappent [...] deux nuages d'abord étroits ensuite boursouflés crépus faits de volutes tourbillonnantes s'accumulant s'étageant se poussant s'enroulant rapidement sur elles-mêmes comme des bobines se bousculant [...]* (p.40).

Autrement dit, ils raniment, font revivre un temps passé dont il ne reste qu'une représentation visuelle: l'image sur la photo.

C'est l'inverse de l'effet créé ailleurs par les participes présents où l'acte évoqué se trouvait amputé de tout passé et de tout avenir. Ici, au contraire, un moment capté par l'objectif par lequel le passage du temps a été suspendu, un moment saisi sur le vif et détaché de tout contexte temporel, retrouve ce contexte perdu, devenu inaccessible à la perception du spectateur, de celui qui regarde la carte postale:

> *[...] sur la photo [...] elles regardant à travers les jumelles d'ordonnance filer là-bas le train des petits chevaux [...] soudés ensemble, en tôle découpée et coloriée, glissant à toute vitesse tandis qu'ils semblent peu à peu s'enfoncer dans la terre comme si le sol s'ouvrait au fur et à mesure sous leurs sabots, les engloutissait, les casques multicolores et les*

> *crinières dépassant seules, puis plus rien que les toques à ras du sol [...], puis les toques englouties elles aussi, le minuscule chapelet des pastilles multicolores disparaissant [...]* (p.71).

Bref, le temps passé dont on est en train de se souvenir se remet à s'écouler pour lui-même indépendamment de cet autre temps, purement mental, qui gouverne la vie intérieure. Cela se fait de la manière la plus insolite par l'évocation des événements précédant le moment où la photo a été prise:

> *scène dont émanait on ne savait quoi d'insolite et même d'irréel [...]: le thé offert [...] le studieux jeune homme, le sévère docteur à lunettes [...] — et à côté, sur le divan, la présence du modèle nu [...] dont le cliché d'amateur, cette photo-souvenir prise avec la même absence d'artifice ou d'habileté que les maladroites photos de famille, accentuait encore la nudité: non pas bougé [...] mais un peu flou [...] et non pas dans une de ces consternantes postures prétendûment harmonieuses ou tentatrices, mais simplement appuyé sur un coude [...] en train, comme les autres personnages, de prendre le thé [...] à demi allongée* (probablement encore dans la pose qu'elle tenait pendant les séances), *fixant l'objectif d'un regard surpris parce qu'*elle a sans doute été alertée par l'appel du Hollandais, le fatidique 'Vous y êtes Ne bougez plus' [...] (p.305-306; je souligne).

Ainsi, le souvenir est ressuscité à partir d'un témoignage subsistant dans le présent, souvenir de ce qui s'est passé avant la prise de la photo — sauf que les détails de ce souvenir pourraient très bien relever de l'imaginaire, et de nouveau se trouve confirmé le flou dans le statut de l'image mentale tantôt dans la dépendance de la mémoire à proprement parler et tantôt dans celle de l'imagination. C'est qu'implicite dans la scène représentée dans la photo est le simple fait qu'il a dû y avoir un photographe:

> *[...] la carte représentant la rue d'un village [...] une femme se tenant sur le seuil d'une maison [...], regardant le photographe un poing sur la hanche [...]* (p.24).

Ce dont on est sûr, c'est que pour le moins, quelque chose de semblable à ce qui est évoqué a dû se passer avant le moment saisi pour l'éternité sur le cliché photographique:

> *la photographie ayant sans doute été prise au moyen d'un de ces déclencheurs automatiques, le Hollandais n'ayant peut-être pas eu tout à fait le temps de regagner sa place, ou mal calculé le délai, si bien que l'obturateur s'est ouvert au moment où il était en train de se rasseoir [...] sursautant en entendant le déclic, se tournant vers l'appareil en même temps qu'il se redresse instinctivement, s'immobilisant une fraction de seconde, puis, soit déséquilibre, soit instabilité naturelle, bougeant encore un peu, de sorte que, tandis que les autres personnes présentes, conservant pendant ces quelques secondes l'attitude qu'elles avaient au moment de l'ouverture de l'obturateur, semblent pour ainsi dire nier le temps, donnant l'illusion que la photographie est un de ces instantanés, une de ces coupes lamelliformes pratiquées à l'intérieur de la durée [...], la trace fuligineuse laissée par le visage au cours de ses divers changements de positions restituant à l'événement son épaisseur, postulant [...] la double suite des instants passés et futurs, la double série, dans le même cadrage, et le même décor, des positions respectivement occupées par les divers personnages avant et après* (p.290-291).

Mais comme le suggère le fait qu'il est question non seulement de l'"avant" mais aussi de l'"après", il n'y a pas que le passé du moment en question qui se trouve ressuscité. A l'intérieur des passages mis en abyme, le temps se trouve restitué dans toute son ampleur: toute la promesse de l'avenir de ce moment se réalise également. Nous assistons effectivement à une véritable réanimation de ce qui se dessine sur la photo: les personnages mis en scène se mettent à revivre et l'événement dépeint se met à se dérouler de nouveau dans le temps. Ici, on remarque la même ambiguïté que tout à l'heure: avec le passage du moment présent, c'est à dire représenté sur la photo, à ceux qui le suivent, nous passons définitivement du souvenir à l'anticipation imaginaire, l'imagination ayant pris la relève de la mémoire.

A l'intérieur des mises en abyme, l'immédiateté d'images mentales suspendues dans un éternel présent, chacune s'imposant par sa seule présence, cède la place à un récit où les actes et les événements se suivent dans un enchaînement de causes et d'effets, le présent étant la conséquence de ce qui vient de se passer et la cause de ce qui va venir. Avec la restitution de la dimension temporelle dans toute son épaisseur, la structure et le fonctionnement du souvenir, du processus de la récupération du passé dans le présent — peu importe qu'il soit vrai ou imaginaire — ressort pour la première fois avec clarté. Pour tout dire, c'est comme si le temps, au lieu d'être représenté *syntagmatiquement*, c'est à dire linéairement, par un enchaînement d'événements se succédant les uns aux autres, avait été transposé *paradigmatiquement*, en profondeur, dans l'épaisseur du texte. Car sous-tendant le moment capté et immobilisé par l'objectif du photographe, il y a toute l'épaisseur du temps passé dans sa multidimensionalité de passé-présent-avenir, s'écoulant dans le fleuve de son inexorable continuité. Autrement dit, l'élément qui enchâsse, et donc qui occasionne la mise en abyme, est la photo de la carte postale dans le présent de sa présence et l'élément enchâssé ou mis en abyme est l'époque passée correspondant à la scène représentée sur la photo.

Il ressort de la précédente analyse une curieuse analogie entre la mise en abyme dans *Histoire* et le flash-back[5]. Dans le flash-back aussi, il y a mise en abyme du passé par rapport au présent et enchâssement de celui-là par celui-ci. Quant à la commune identité qui doit exister entre ce qui est mis en abyme et ce par quoi il est mis en abyme, elle est fournie, dans le cas du flash-back, par le fait que le flash-back fait partie intégrante de la narration qui l'entoure, donc par l'esprit du narrateur. Ce qui manque toutefois au flash-back et qui le différencie de toute mise en abyme, c'est l'absence de la relation entre macrocosme et microcosme qui caractérise le rapport entre l'élément enchâssant et l'élément mis en abyme — à moins qu'on ne considère que la brièveté même de ce qui n'est qu'un *flash* suffise pour faire du contenu du flash-back un microcosme de ce qui

[5] Il est aussi possible de déceler une certaine analogie entre la mise en abyme et le cercle herméneutique (voir mon essai intitulé "La Navette et l'ellipse chez Malraux: le cercle herméneutique et la mise en abyme", p.95-105 in Christian Moatti et David Bevan, éds., *André Malraux: unité de l'oeuvre, unité de l'homme,* La Documentation française, 1989.

l'entoure. Malgré qu'il en ait, la différence entre les deux procédés formels, cinématographique et littéraire, provient du fait que tandis que la mise en abyme relève d'une dialectique spatiale, le flash-back, lui, relève d'une dialectique temporelle. En d'autres termes, la mise en abyme est à l'espace ce que le flash-back est au temps. Temporaliser la mise en abyme n'est donc pas sans comporter une certaine logique: la logique de dénominateurs communs reliant les deux figures. Plus importante dans le contexte simonien est la possibilité qui se révèle ainsi de pouvoir profiter du jeu formel, et donc spatial du texte pour mieux représenter la multi-dimensionalité du temps qui se joue dans les mécanismes de la mémoire.

Dans le cas d'*Histoire*, cette utilisation insolite du procédé, devenu classique à notre époque[6], de la mise en abyme, laquelle met la stratification paradigmatique du texte qui en résulte au service de la représentation du temps passé, permet au romancier de compléter la représentation du souvenir comme image mentale baignée dans un temps purement subjectif (que nous voyons à l'oeuvre partout ailleurs dans ce roman) en le replaçant dans son contexte temporel d'origine. Ainsi, la *contiguïté* des images mentales cède à la *continuité* du déroulement des événements passés. Et l'immédiateté des reflets du passé sur l'écran de l'imagination en proie à ses souvenirs n'est plus obtenue aux dépens de la perception de l'écoulement du temps tel qu'il avait été vécu. Enfin, conscience du temps passé et perception du temps qui passe finissent par s'équilibrer.

[6] Voir Lucien Dällenbach, *Le Récit spéculaire: essai sur la mise en abyme*, Éditions du Seuil, 1977.

TEMPS ET MESURE: UN MÈTRE D'OEUVRE

Catherine McGann

Où commencer? Jusqu'à quel point remonter dans l'Histoire de *L'Acacia* afin de pouvoir se retourner, se laisser porter un peu en avant, c'est-à-dire, pour écrire quelques mots sur cette autobiographie qui n'en est pas une, avant que le flux et le reflux qui rythme toute l'oeuvre oblige à un autre retour vers quelque rive lointaine? On a beau vouloir commencer par le début, on se trouve toujours déjà renvoyé ailleurs, à un autre texte, à savoir aux *Quatre Quatuors* de T.S. Eliot, dont les trois premiers vers se trouvent en exergue à *L'Acacia*. Et on ne peut même pas s'arrêter là, car Eliot, lui aussi, nous repousse plus loin, cette fois-ci jusqu'à l'antiquité d'Héraclite; les deux fragments du philosophe grec qui précède l'oeuvre poétique font appel à une mémoire encore plus ancienne, et son écho s'entend toujours, mais à distance, dans *L'Acacia*. *L'Acacia* qui, lui aussi, est à la recherche d'un commencement.

Mais moi, aujourd'hui, je dois tout de même m'arrêter quelque part et commencer quelque chose, car ici le temps se trouve strictement réglé par les organisateurs de ce colloque, et je n'ai que dix pages et vingt minutes pour parler d'une oeuvre de trois cent quatre-vingt pages couvrant plus de deux cent ans. Une tâche assez difficile mais qui sera plus aisée peut-être si on commence par une écoute des mots d'Héraclite et d'Eliot, mots qui font résonner encore le chant muet du passé et qui mettent en mouvement l'immobilité de *L'Acacia*.

Dans une traduction de l'anglais, le deuxième fragment d'Héraclite dit: "Le chemin vers le haut et le bas est un et même." Dans son contexte classique, cette constatation se rapporte au phénomène de la transformation des quatre éléments et à la permutation constante que, selon Héraclite, subit toute matière. Cette permutation n'est-ce pas là justement un leitmotiv de *L'Acacia* où le visage d'une femme peut changer "peu à peu en un visage d'homme" (p.67); où la nourriture ingérée ne fait que ressortir "un peu plus bas en forme d'excréments" (p.67); et où le corps humain, se terminant sur les champs de bataille, n'est que "quelque charogne déjà puante" (p.242) ou bien, suivant cette étrange parabole de la vie, se transforme en une "espèce de momie conservée en vie au fond d'une alcôve" (p.132).

En outre, *L'Acacia* est fait d'un entrecroisement de chemins: le chemin que suivent trois femmes et un enfant à travers un paysage apocalyptique; le chemin ardu que se fraye un petit paysan devenu capitaine et qui le conduit à terminer sa vie au pied d'un arbre, une balle dans le front; les innombrables chemins de fer qui (em)portent indifféremment cavaliers et joueurs de boules; et la voie/voix de la mémoire qui (s')appelle le narrateur. Autant de chemins dont la descente et la montée se confondent, se renversent, et dont le sens change selon celui qui les suit.

Les murmures d'Héraclite que l'on entend dans l'oeuvre de Simon passent par les *Quatuors* d'Eliot, "corps conducteurs" littéraires qui laissent bien leur empreinte sur la voix ancienne. Notre approche du début de *L'Acacia* se trouve donc différée encore une fois, et c'est, maintenant, par les accents du premier *Quatuor*:

Time present and time past
Are both perhaps present in time future,
And time future contained in time past.
If all time is eternally present
All time is unredeemable. . .
What might have been and what has been
Point to one end, which is always present.
Footfalls echo in the memory
Down the passage which we did not take
Towards the door we never opened
Into the rose garden.

My words echo
Thus, in your mind.

Tout en étant un récit monté selon une certaine continuité, *L'Acacia* constitue une représentation de la non-linéarité du temps: du temps de la mémoire. Le passé est effectivement le présent car ce n'est qu'à la dernière page du roman que l'écrivain commence à l'écrire. Le futur est aussi présent et passé, car nous tenons déjà le livre à écrire entre les mains, nous le lisons, nous l'avons lu. En outre, le chemin jamais suivi et la porte de la roseraie jamais ouverte, sont là tout de même, dans leur absence, en écho. Telle est, dans *L'Acacia*, la vie du père racontée par un fils qui ne l'a jamais connu.

Ainsi ces vers d'Eliot résonnent-t-ils dans l'oeuvre de Claude Simon, autre quatuor où les voix se répondent, s'entrecroisent et s'entrelacent pour retourner sur elles-mêmes, défaisant ainsi la linéarité trompeuse des signes noirs de la partition, des mots sombres sur les pages blanches. Et avec le "da capo" final qui ne met fin à rien, on est renvoyé dans un passé qui devient un autre commencement.

Dans cette étude de *L'Acacia* nous aussi, nous en sommes toujours au début, avançant à reculons, ou peut-être figés dans le vol de la flèche de Zénon. J'en suis toutefois à la troisième page de ma communication, je vois que le temps passe, et on peut tout de même espérer que nous allons quelque part. Mais dans quel sens? Je crains que ce ne soit droit sur le champ de mines du territoire occupé, comme le fait l'insensé colonnel de *L'Acacia*, car je ne suis pas un maître d'oeuvre et je ne maîtrise pas le temps, contrairement à ce que l'on voit dans ce roman où c'est par le rigoureux métrage de la syntaxe que Claude Simon s'efforce d'écrire son propre sujet.

Les deux pré-textes sur lesquels nous nous sommes attardés nous signalent que le sujet de *L'Acacia* c'est le temps, ou, plus précisément, c'est le sujet-au-temps. Car *L'Acacia est* une sorte d'autobiographie mais qui s'écarte considérablement de la tradition: on n'y retrouve pas de pacte autobiographique, pas d'affirmation d'une identité entre auteur, narrateur, et personnage; pas de nom propre; rien, finalement, du "moi" historiquement récupérable de Rousseau. *L'Acacia* n'est pas non plus du genre "nouvelle autobiographie" où le concept générique reste intact afin de se prêter à sa déconstruction. Claude Simon ne s'intéresse pas à ce(s) "je(ux)" que l'on peut jouer et que l'on peut montrer "dans toute la vérité de la nature" (Rousseau). C'est plutôt un "moi" ponctuel qui se dessine dans *L'Acacia*, éparpillé dans le temps, désarticulé, mais qui a quelquefois l'apparence éphémère d'une réintégration grâce au fil de son écriture.

Quelle est donc l'écriture de ce sujet-au-temps qui n'a pas un seul vécu mais plusieurs, qui n'est pas uniquement "soi" mais aussi (l')autre? Car ici, le "il" est le fils *et* le père, et afin de raconter son histoire (une histoire), il faut en raconter deux, donc plusieurs. Se regardant dans une glace, le je-devenu-il de *L'Acacia* peut "se voir plusieurs fois: en entier, puis découpé en minces bandes irisées" (p.366).

C'est dans un récit tout à la fois "entier" et "divisé" que Claude Simon met en scène son sujet autobiographique. *L'Acacia* comporte douze chapitres, chacun numéroté d'un chiffre romain suivi de dates tantôt très précises (comme IV: le 17 mai 1940), tantôt d'une étendue indéterminée (XI: 1910-1914-1940...). Concomitant à un ordre mathématique apparaît donc un certain désordre qui est celui de l'esprit qui se souvient: ne se succédant pas chronologiquement, les indications temporelles représentent le mouvement anachronique et a-chronique de la mémoire.

Il y a toutefois, à l'intérieur de ce désordre ordonné, un autre ordre, rythmique, qui est celui de l'alternance, de la répétition. Les histoires du père sont suivies de celles du fils, et vice versa; chapitre par chapitre, un battement de pouls semblable au cri du coucou qui allège pour un brigadier en fuite le poids du temps inhumain:

> *[...] lui [parvient] à intervalles réguliers, le cri redoublé de l'oiseau répercuté entre les troncs verticaux, comme si après avoir retenti il continuait à exister par son absence même, comme pour souligner le silence, le rendre plus sensible encore, lancé avec une régularité d'horloge non pour le troubler mais le ponctuer, délivrer une accumulation de temps et permettre à une autre quantité de venir s'entasser, s'épaissir, jusqu'au moment où elle sera libérée à son tour par le cri [...]* (p.97).

Cette périodicité marque le temps humain, c'est-à-dire la plénitude au moment de sa perte, et l'alternance des chapitres de *L'Acacia* relève de ce même ordre. Effectivement, nous ne connaissons la présence que par son absence; par ce vide qui reste, et que l'on essaie de remplir du souvenir de ce qui a été ou bien, de ce qui a pu être, et ce mouvement de la pensée et de la mémoire humaines informe *L'Acacia* qui commence, justement, par une perte — celle du père.

Ce premier chapitre représente un double effort pour récuperer ce qui a été perdu: la quête (de la mère) et la remémoration (du fils) qui est aussi une quête. D'une part, le narrateur décrit les péripéties d'une veuve accompagnée de ses deux belles-soeurs qui cherchent les traces d'un mari mort dans les champs de bataille. Mais la veuve ne trouve rien de matériel, juste un signe douteux mais dont elle se contente pour pouvoir croire qu'elle a, enfin, retrouvé ce qu'elle avait perdu:

> *C'était un tout petit cimetìere [...] La majorité des tombes étaient celles de soldats allemands, mais elle alla tout droit à l'une d'elles un peu à l'écart, que sans doute quelqu'un (quelqu'un qui avait eu pitié d'elle — ou plutôt d'elles — ou peut-être avait simplement voulu s'en débarrasser) lui avait indiquée et sur laquelle, en allemand et sur une plaque métallique, puis en français sur une planchette plus récemment apposée, était simplement écrit que se trouvaient les corps de deux officiers français non identifiés [...]. [Elle] s'agenouilla alors, fit s'agenouiller le garçon à côté d'elle, se signa, et abaissant la tête se tint immobile, les lèvres remuant faiblement sous le voile enténébré* (p.25).

D'autre part, toute cette remémoration de "ce qui est arrivé" n'est que de "ce qui a pu arriver," car ce sont des souvenirs fabriqués et mis ensemble par "l'enfant," ce deuxième "il," bien des années après les recherches de la mère. Nous sommes continuellement confrontés ici au caractère ténu de la mémoire: lequel ne nous empêche pas de nous souvenir, d'appeler/rappeler des choses, même quand elles n'ont plus grand chose à voir avec ce qui s'est "vraiment" passé. Mais comment jamais savoir que cela *est* "vraiment"...?: une tombe anonyme ou des spéculations suffisent pour remplir ce vide où nous laisse le temps; pour que, comme une goutte d'eau qui tombe ou comme le cri libérateur du coucou, nous puissions passer, de nouveau, à une nouvelle perte.

Le sujet autobiographique de *L'Acacia* est donc sujet à perte, un sujet perdu. Comment se fait-il donc que l'on puisse écrire presque quatre cents pages sur un sujet qui n'est pas *là*? C'est justement parce qu'on l'écrit, parce qu'on le narre: c'est la seule façon de présenter cet être-au-temps que nous sommes, en le figeant, le suspendant un moment par l'artifice des mots.

Mais contrairement au "voilà ce que j'ai fait, ce que j'ai pensé, ce que je fus" de Rousseau dont la rhétorique synthèse masque l'impossible représentation de la réalité, Claude Simon met cette problématique au premier plan. L'écriture simonienne, avec ses longues phrases, ses parenthèses entre parenthèses, ses "plutôt" et "peut-être" multiples, diffère une lecture facile qui donnerait l'illusion que la langue est au service d'un sujet uni(que). On y voit plutôt un sujet sujet à langue, qui respire et s'étire dans le temps de l'écriture. Pour le lire, le lecteur ou la lectrice doit aussi prendre le temps d'une lecture qui "avance immobile."

De même qu'il n'y a pas d'im-mobilité sans mobilité, il n'y a pas non plus d'im-mort-alité sans mort. Ceci est emblématisé dans le geste d'un soldat de bronze, qui continue,

> *à élever vers le ciel son épée, impassible sous la pluie, la bouche ouverte, poussant son cri de bronze, figé, avec son bicorne et sa redingote de bronze, dans une attitude d'élan, d'enthousiasme et d'immortalité* (p.58).

Temps et mouvement vont ensemble. Et si nous cherchons, semblable à la trapéziste,

> *[...] ce fugace instant d'immobilité, d'équilibre, où parvenue à l'apogée de sa trajectoire et avant d'être de nouveau happée par les lois de la gravitation la trapéziste se trouve en quelque sorte dans un état d'apesanteur, libérée des contraintes de la matière, pouvant croire le temps d'un éblouissement qu'elle ne retombera jamais, qu'elle restera ainsi à jamais suspendue dans l'aveuglante lumière des projecteurs au-dessus du vide, du noir* (p.146),

si nous aspirons à cette hypostase, nous savons non moins que nous arrêter serait arrêt de mort, que tant que nous sommes en vie / dans le désir de vie, nous devons continuer à aller *vers* la mort, pris dans le temps et le tempo que marque le métronome, à suivre cette courbe de la trapéziste qui déjà

> *commençait à basculer, puis à s'infléchir, puis à chuter pour de bon, la précipitant vers le bas avec la même vertigineuse vitesse qui avait présidé à son ascension [...]* (p.146).

L'ascension et la descente tracent une même parabole, ne font qu'un chemin vers le "point (im)mobile" de son apogée. Et c'est bien ce que cherche Eliot: ce "'point immobile' du monde tournant" ("'still point' of the turning world"), ce moment "fugace" de présence éternelle, d'éternité au présent, à présent. Mais, comme l'écrit Eliot: "All time is unredeemable," il n'y a point de rachat; et c'est là que *L'Acacia* a lieu; que la mise en oeuvre sans fin recommence. Au delà de la rédemption.

INTROVISION SUR UN THÈME: L'ESPACE-TEMPS DE *LA ROUTE DES FLANDRES*

Agnès Conacher

Montrez-moi le ciel chargé de nuages
Répétant le monde enfoui sous mes paupières Montrez-moi le ciel dans une seule étoile[1].

Oh je ne veux pas que tu sortes
L'automne est plein de mains coupées
Non non ce sont des feuilles mortes
Ce sont les mains de ceux qui sortent[2].

Ces deux extraits, l'un du poème *A Pablo Picasso* par Paul Eluard, l'autre du *Guetteur mélancolique* par Guillaume Apollinaire, offrent l'un et l'autre deux visions différentes. La citation d'Eluard introduit un regard qui relie les choses et les êtres entre eux, alors que

[1]Paul Eluard, "A Pablo Picasso II", *Oeuvres Complètes*, bibliothèque de la Pléiade: Gallimard, 1968, p.499

[2]Guillaume Apollinaire, "La clef", dans *Le Guetteur Mélancolique*, Collection Pensées. 57, Gallimard, 1952, p.64.

la citation d'Apollinaire insiste sur le morcellement et la fragmentation des choses et des êtres. Ces deux visions qui se complètent en s'opposant donnent accès à l'optique simonienne à l'oeuvre dans *La Route des Flandres*, optique que je désigne par le néologisme, introvision. En un mot, introvision, en effet, englobe cette double vision où se lie et se délie un mouvement qui est à la fois: "[...] de destruction et de reconstruction simultanée des lignes et des volumes"[3]. S'efforcant de dépasser les dichotomies, "introvision" propose de désigner une vision plus vaste que "rétrovision", qui s'arrête au passé, et que "introspection", limitée à l'espace intérieur. Ni l'un ni l'autre, et un peu les deux à la fois, introvision communique un certain ordre du faire: celui de Claude Simon qui, dans *La Route des Flandres* touche, dépose, palpe les mots jusqu'à ce que, devenus chairs, ils rendent visibles les choses.

La juxtaposition d'éléments, d'ordinaire séparés dans le temps et l'espace, permet de les réunir dans une proximité ou une simultanéité qui crée une forme où l'espace tend à supplanter le temps.[4] *La Route des Flandres* peut ainsi se lire comme un texte-toile où, pour voir, il faut se déplacer non plus chronologiquement, mais topographiquement, d'un lieu à un autre (du wagon à la chambre d'hôtel, de la route des Flandres au champ de courses). Ce qui ne veut pas dire que le passage du temps n'est pas marqué; mais que, plutôt qu'affaire de chronologie, il est spatialisé et imagé: c'est dans la notation de la position du soleil lequel, se déplaçant recouvre d'ombre "les membres postérieurs du cheval tout à l'heure en plein soleil [...]" (p.106); ou encore par le biais des métaphores (le temps prenant soit l'apparence du cheval qui peu à peu pourrit, soit celle des chevaux qui galopent sur la route des Flandres) que le temps se manifeste. Autrement dit, l'expérience temporelle est inséparable de l'expérience visuelle. Ce qui est vu dépend d'où et de quand cela est vu, ce qui implique, au contraire des peintures de la Renaissance où un seul oeil suffit pour que l'espace vous appartienne[5],un espace

[3]Claude Simon, *La Route des Flandres*, Éditions de Minuit, 1960, p.29.

[4]Paul Ricoeur, *Temps et récit II: la configuration du temps dans le récit de fiction*, Seuil, 1984, p.146.

[5]Didier Alexandre, *Claude Simon*, Marval, Lieux de l'écrit, 1991, p.43.

textuel qui dans *La Route des Flandres* exige, dirait Nietzsche, "mille yeux".

C'est ainsi que composé de morceaux: morceaux de corps, bribes de conversations, photographies, citations, morceaux de temps que sont les participe-présents, le texte utilise la technique des peintres cubistes où, pour voir l'objet dans son entier, il est nécessaire de se déplacer tout autour. Dans *La Route des Flandres*, l'objet qui apparaît dans son entier en les phases-et-les faces successives de son intégralité et autour duquel le texte tourne constamment, serait le cheval mort. Point de point de vue unifié, car même si l'on peut objecter que le texte présente, en discours rapporté et subjectif, le regard de Georges, ce point de vue demeure néanmoins fragmenté. En soulignant que ce qui est vu ou narré ne peut l'être que dans la relation au sujet percevant,

> *[...] le champ de vision de Georges s'arrêtant là, c'est-à-dire pas d'une façon nette: par cette sorte de frange qui s'étend à droite et à gauche de notre vue et à l'intérieur de laquelle les objets sont moins vus que perçus sous forme de taches, de vagues contours[...]* (p.250),

l'écriture indique que le champ de vision de Georges, limité, ne peut pas reconstituer la scène distinctement et dans sa totalité. En outre, ce qui est vu ou narré ne l'est pas par rapport à un sujet unifié, mais à partir d'un morceau de corps, un oeil: son oeil "[...] inexpressif incurieux se posant un instant [...]" (p.18); c'est-à-dire à partir de ce qui voit et non de qui voit. Les yeux sont souvent décrits vides [deux trous qui voient (p.40)], et voir n'est pas savoir: les mots ne peuvent pas dire ce que les yeux voient; mais aussi peut-être, voir est occulté par un certain savoir pré-acquis. En fait, le vide est à l'oeuvre dans *La Route des Flandres* et son activité produit l'explosion, la fragmentation des choses, du temps, du savoir.

Si on redonne à "savoir" son sens philosophique tel que le dictionnaire de philosophie l'indique, c'est-à-dire un sens généralement abstrait[6], les éléments de la diégèse qui n'apparaissent jamais dans leur totalité défient une position de savoir. Alors, comme le répète constamment Georges: "Comment savoir, comment savoir"? (p.302)

[6]Gérard Legrand, *Dictionnaire de philosophie*, Bordas, 1983, p.234

Peut-on répondre que la mise en pièces de la réalité perçue porte à un con-naître non plus sous la forme abstraite du concept mais selon le choc avec la "réalité physique" (p.89), c'est-à-dire la matière. On naît à la connaissance dans la relation avec. Ainsi, en démantelant les corps des hommes, la guerre leur donne un aspect matériel de chose, "une suite d'os" (p.70), plus qu'elle ne leur attache l'idée totalisante d'individus. Si, comme le dit Jean-Pierre Moussaron à propos de Michel Deguy, le concept est fondé sur "le meurtre originel de la chose, car formé à partir de ce qui différencie un objet d'un autre"[7], c'est à nouveau par un processus de destruction que les objets, les corps, le temps, l'écriture redeviennent ce qu'ils sont: de la matière qui fait signe. De la même manière, c'est par la décomposition du temps en instants que se révèle la durée; c'est par le démantèlement de la signification des mots que la langue se matérialise et n'est plus "une vitre que l'on traverse sans la voir": par exemple, le sens figuré est remplacé par le sens littéral comme: "[...] pas donné sa place pour un boulet de canon" (p.15); ou bien en substituant tout un domaine de la narration à un autre comme avec "acier virginal" (p.13), ou en faisant des calembours tel le nom commun, la saumure, qui devient la ville de Saumur (p.12).

Mais, est-ce que les corps, le temps, la langue, le texte conduisent, chacun à leur manière, dans leurs matières vers quelque chose de l'ordre de la liaison[8], de la synthèse ou bien demeurent-ils dissociés, déliés? Car, tous ces morceaux qui se multiplient indéfiniment deviennent soit "un inextricable fouillis de membres" (p.71) d'où il est impossible de se dégager; soit des phrases "[...] imbriquées, entassées au point de ne pas pouvoir bouger[...]" (p.20); soit encore une prolifération d'instants lesquels transforment le temps "[...] en une seule et unique masse d'acier refroidi [...] dans l'épaisseur de laquelle" ils (lecteur et morceaux) sont pris, "immobilisés pour toujours" (p.31). A cette question, on répondra que, quoique "chaque élément recouvre, en profondeur, d'autres

[7]Jean-Pierre Moussaron, *La poésie comme avenir*, Le Griffon d'argile, Les Presses Universitaires-Grenoble, 1992, p.56

[8]Jean-Pierre Moussaron, *La poésie comme avenir*, p.52.

éléments", ceux-ci "latents restent manifestement présents"[9]; parce que ce qui est vu ne l'est pas à partir d'une perspective, mais à partir de différents points de vue, et que ce sont ces déplacements de points de vue qui permettent de rendre compte du volume. Autrement dit, *La Route des Flandres* est un texte qu'on ne peut pas simplement lire dans son horizontalité, sa linéarité: "la lecture de chaque page engage la lecture passée et future du lecteur, lecture sédimentée en quelque sorte sous les signes perçus."[10] Le trajet, couches par couches, re-parcourt de cette manière la construction géologique du texte:

> *Divers épisodes, différents thèmes [...] apparaissent et réapparaissent de part et d'autre de l'élément central, l'ensemble se présentant en somme un peu comme ces coupes de terrain au centre desquels se trouve un puits artésien et dont les différentes couches superposées [...] décrivant une courbe sous-jacente, toujours présents, donc en profondeur, affleurent à la surface de part et d'autre du puits.*[11]

La stratification que révèle cette lecture donne une perspective généalogique, car elle engage la mémoire. Mais en s'aventurant dans les méandres de la mémoire on ne parvient "à rien distinguer" (p.32), tout y est noir et l'impossibilité de retrouver les choses dans leur formes originales provient du fait que la chair en se mélangeant "à l'humide argile", les os en se mélangeant "aux pierres [...]", redeviennent "simplement un peu de craie, de sable et de boue [...]" (p. 243). A nouveau morceaux, à nouveau néant, rien. Dans les méandres de la mémoire, le vide pousse à opérer: le vide autour duquel se construit *La Route des Flandres* est pris en charge par une écriture qui, selon Ludovic Janvier[12], essaie de boucher les trous, entraînant la multiplication sans fin de fragments. En fait, plutôt que de boucher, l'écriture me semble-t-il, suggère "la plénitude des

[9]Didier Alexandre, *Claude Simon*, p.55

[10]*Id. ibid.*

[11]*Id. ibid.*

[12]Ludovic Janvier, *Une parole exigeante*, Minuit, 1964, p.107.

possibilités"[13]. Cet oxymore de Maurice Blanchot me paraît particulièrement adéquat ici, car la multiplication des morceaux non seulement relativise l'espace (on n'est plus dans l'espace cartésien à trois dimensions, mais dans un espace relativisé à quatre dimensions), mais elle le démultiplie, l'agrandit, tant et si bien que, devenu infini, l'espace s'illimite. Et, laisse aussi entrevoir un mouvement qui est à la fois libérateur (puisque aller au delà des limites c'est dépasser le mouvement fini du récit linéaire) et captivant: car l'espace infini voue le lecteur à la suite des soldats à errer "[...] en aveugles dans cette même nuit, cette même encre, sans savoir vers où ni vers quoi [...]" (p.33). On peut espérer sortir d'un espace fini; dans un espace infini, on tourne en rond, on rebrousse chemin, forcé de cheminer sans pouvoir s'arrêter jamais: l'infini est un espace sans issue.[14] Ce paradoxe que partage évidemment le lecteur (et qui le partage), n'empêche pas les transports métaphoriques de l'écriture et de la lecture. Au contraire, la fragmentation les stimule, entraînant la recherche toujours ailleurs. Le lecteur immobile se déplace constamment d'un mot à un autre, d'une époque à une autre, d'une histoire à une autre.

Ainsi, conscient, comme le dit Moussaron, que "le langage n'entretient qu'un rapport fort approximatif avec le mouvement multiple de la différence en quoi consiste le réel, [...] puisque le concept qui l'institue n'est que le résidu d'une métaphore"[15], Claude Simon s'attache à développer des approximations, à désigner de proche en proche. Au contraire de Marguerite Duras qui laisse l'espace vacant et tente de représenter l'absence, il retourne par la comparaison ce rapport fort approximatif que les mots entretiennent avec les choses, "en valeur poétiquement inventive, d'approximation continuée du monde."[16] Ce faisant, ses textes communiquent un constant déplacement, un constant mouvement de rapprochement où ce qui est désiré et recherché (une improbable coïncidence du mot

[13]Maurice Blanchot, *Le livre à venir*, Gallimard, 1959, p.247

[14]*Id. ibid.*, p.131

[15]Jean-Pierre Moussaron, *La poésie comme avenir*, p.56

[16]*Id. ibid.*, p.57-58

avec la chose) est approché, mais jamais atteint, car la tentative de saisir un passé ou un avenir qui n'a point de cesse est un geste de reprise sans fin: "reprise à partir de l'éloignement d'avec le monde dont elle nous parle". Autrement dit, la comparaison produit tout à la fois du proche et de la distance: "Le comme garde ses distances avec".[17]

C'est ainsi que la description déshumanise "l'humain-trop humain" en marionnettes, silhouettes découpées, ombres chinoises, masques: le visage de Blum est décrit "comme un masque gris", ou encore celui de Georges, "comme une feuille de papier déchiré avec deux trous pour les yeux [...]" (p.40). La relation au monde extérieur est une mise à distance. Et même lorsque le texte signale qu'il est possible de voir dans les taches d'encre "les fragments du ciel nocturne de mai" (p.71), c'est-à-dire quelque chose de référentiel, les effets de réel (personnages nommés, noms réels de lieux), restent, d'une part, des ombres chinoises, d'autre part, tel le ciel, à une vaste distance. Certes, Claude Simon désigne des référents historiques, géographiques, familiaux mais sans faire pour autant l'économie de la description, de la mise en forme, en mots, en mémoire que et qui constitue(nt) l'élaboration du roman. En maintenant ainsi le réel à distance, le texte rappelle sans cesse que le réalisme ne consiste pas à copier le réel[18], qu'il n'est pas reproduction du monde. Bref, ce texte qui n'est pas le décalque du monde extérieur rend les choses visibles à sa manière et se rend par là visible lui-même. Ainsi, le texte donne à voir moins quelque objet visible qu'un regard sur l'objet, regard qui du même coup renvoie à "[...] une vision intérieure plus reposante que l'incessante agitation de la vie, une réalité plus réelle que le réel" (p.131). En montrant ce qu'il est par la façon dont il dit, en soulignant qu'il est produit de l'écriture plutôt que représentation du monde, le texte révèle, d'une part, la solidité de ses fondations, lesquelles comme "[...] les masses les plus importantes et les supports — manches à balais, bâtons — qui ont servi d'armature" [aux personnages de neige] (p.241) subsisteront "seules à la fin" (p.241). D'autre part, ce texte signale, ainsi que le mentionne Gérard Roubichou, que "l'événement n'est pas autre chose qu'un texte et le

[17]*Id. ibid,* p.29, p.62.

[18]Roland Barthes, *S\Z*, Seuil, 1970, p.61.

texte un événement".[19] Davantage: plus qu'un événement, le texte est un avènement, car, jouant de l'image ou du "comme", le texte actualise "*l'être-comme* d'une chose", le réalise, c'est-à-dire "le fait advenir comme *res* dans sa réalité".[20] Ainsi, c'est parce que le texte dit (donne à voir) que le visage de Georges est comme une feuille de papier, que celui de Blum est comme un masque, à savoir, dit l'écart entre les mots et les choses, qu'il porte à l'avènement d'un monde dans lequel le lecteur pourra voir des figures: "[...] visages gris sales eux aussi tirés par le manque de sommeil, blafards avec leurs joues mal rasées [...]" (p.43). Tel est le passage subtil où se joue l'effet de roman. Et c'est, de même, parce que la jeune femme apparaît par la porte de l'imagination que Georges peut avouer l'avoir suffisamment vue pour savoir qu'elle est "comme du lait" (p.61). C'est, non moins, parce que le temps de la narration n'est pas soumis au temps historique, mais qu'il se dit à travers l'image de la décomposition/composition de la goutte d'eau (p.25) que l'on peut respirer, dans "le foin desséché [...] l'exhalaison du temps lui-même" (p.42). Autrement dit, les choses accèdent à leur figurativité grâce à un langage qui établit le rapprochement dans la disjonction: car "de même que le silence en son espacement permet l'articulation du discours musical, de même l'écart, le vide, permet le jointement."[21] En faisant travailler un langage qui raconte avec un langage qui montre, le texte privilégie le langage des rapports et des réciprocités.

Ce caractère de réciprocité et de relationnements langagiers est particulièrement présent dans le dispositif de la description comme de la narration où se construit une texture par couches successives, par montage d'éléments, d'images, de mots opposés: le tout

> *[...] inspirant à la fois le respect et l'irrespect par la rencontre, la réunion en eux d'éléments composants (réels ou supposés) disparates — humains et inhumains [...]* (p.141).

[19]Gérard Roubichou, "La mémoire des mots", in *Claude Simon, Chemins de la mémoire*, Québec-Genoble: Le Griffon d'argile, 1993, p.90.

[20]*Id. ibid.*

[21]*Id. ibid.*

Partout se manifeste la présence d'une perception divisée où voir ne peut être qu'un lieu de partage et d'incomplétude:

> *[...] au fur et à mesure qu'il se rapprochait l'oeil immobile et attentif de son assassin patient l'index sur la détente voyant pour ainsi dire l'envers de ce que je pouvais voir ou moi l'envers et lui l'endroit c'est-à-dire qu'à nous deux moi le suivant et l'autre le regardant s'avancer nous possédions la totalité de l'énigme* (p.313).

Bref, l'enchevêtrement des formes verbales; l'emploi d'une écriture métaphorique, (les "comme si" soulignent à la fois la possibilité et l'impossibilité d'unir deux choses différentes [22]), les nombreux dialogues, tout manifeste un texte relationnel où, comme dans une partition de musique, les sons s'organisent selon leurs rapports harmoniques. Les rapports narratifs de *La Route des Flandres* échappent donc à la logique spatio-temporelle des récits conventionnels, car ce sont moins des rapports de cause à effets, que des relations d'analogie, de proximité, de filiations verbales, littérales et thématiques, des motifs — relations intimes, sonores, physiques, visuelles entre les mots, les choses et les êtres. Ces rapports ne s'opèrent pas passivement mais exigent un mouvement instaurant la possibilité d'échange entre les éléments permutables: comme le dit Moussaron à propos de Michel Deguy, "chacun est changé en l'autre pour pouvoir échanger avec lui"[23]. Ce qui revient, chez Claude Simon, à prendre l'un pour l'autre: les crânes pour des taches d'encre fluides (p.70); l'air opaque pour la noirceur de l'encre (p.70); Blum pour Georges ou vice versa (p.188). Le mot, devenant image de ce qu'il désigne, "réalise" la signification indissociablement du réseau textuel; autrement dit, confère à la signification tous ses sens. Et cette matérialité permet au sens, à son tour, de fonctionner comme image du corps verbal. Ainsi s'établit entre le mot et ses signifiés un rapport de ressemblance-rassemblement et un rapport de signification. Notons que cet échange n'exclut pas la différence (la parenthèse entre

[22]Jacqueline Vaught Brogan, *Stevens and Simile*, New-Jersey, Princeton University Press, 1986, p.50

[23]Jean-Pierre Moussaron, *La poésie comme avenir*, p.95.

Georges et Blum empêche que l'un soit assimilé à l'autre), ce qui révèle la générosité de l'écrivain, car en rapprochant les choses tout en maintenant leurs différences, il offre un texte qui lutte contre l'oubli, c'est-à-dire qui ne peut pas être achevé, qui attend sa relève; un peu à la manière dont Platon dans *Le Phèdre* évoque la métaphore de la semence:

> *on a trouvé une âme qui s'y prête d'y planter et d'y semer des discours [...] qui portent une semence qui donnera naissance en d'autres âmes à d'autres discours, lesquels assureront à la semence toujours renouvelée l'immortalité.*[24]

C'est ainsi que de générations en générations l'histoire de l'ancêtre du tableau est répétée, chaque fois la même et chaque fois différente. Et c'est dans le jeu de la différence que se fait entendre le rythme, ce "quelque chose comme le bruit du temps"[25],

> *[...] ruisselant de toutes parts au-dessus d'eux, sur eux, autour d'eux, sous eux, comme si les arbres invisibles, [...] l'invisible monde tout entier se dissolvait peu à peu, s'en allait en morceaux, en eau, en rien [...]* (p.128).

Le monde de *La Route des Flandres* n'est que dans la mesure où il est dit ne pas être. L'espace où, pour un moment, les mots se sont projetés et ont projeté la forme d'un monde, se dissout, redevient amas d'un im-monde[26], absence d'une présence à venir du texte-monde. C'est ce clignotement entre la forme d'un monde et la non-forme d'un im-monde qui sous-tend le principe de l'"introvision" simonienne. Ni l'un, ni l'autre mais un peu des deux, cette "introvision" donne à lire les jointures, les articulations de formes qui se touchent sans se confondre, glissent les unes sur les autres, l'une

[24]Platon, *Le banquet; Phèdre*, Garnier-Flammarion, 1964, p.165

[25]Jean-Pierre Moussaron, *La poésie comme avenir*, p.76

[26]Jean-Luc Nancy, *La communauté désoeuvrée*, Christian Bourgois, 1990, p.218

à la limite de l'autre.[27] Toujours à la limite, là

> *[...] où se trouvait la lucarne, l'étroit rectangle horizontal sur lequel leurs crânes se découpaient en ombres chinoises : des taches d'encre fluides et mouvantes se confondant et se disjoignant, et par delà lesquelles il pouvait voir les fragments du ciel nocturne et inaltérable de mai, les lointaines et inaltérables étoiles stagnant, immobiles, virginales, apparaissant et disparaissant dans les découpures qui s'ouvraient et se refermaient entre les têtes, comme une surface glacée, cristalline et inviolable [...]* (p.70-71).

[27]Jean-Luc Nancy, *La communauté désoeuvrée*, p.188.

L'OEIL DU CHEVAL
OU LA DÉROUTE DE LA VISION DANS L'ÉCRITURE DE CLAUDE SIMON

Marie-Claire Ropars-Wuilleumier

> *Mais j'ai déjà vu ça quelque part. Je connais ça. Mais quand? Et où donc?...*
> *La Route des Flandres* (partie I)
>
> *Granpèr! Granpèr!*
> *Vouzou blié vo! tre! che! val!*
> *Granpèr! Granpèr!*
> *La Route des Flandres* (partie II)

Voir, pouvoir voir, s'acharner à voir, déployer et combiner les couleurs, décrire et composer les mouvements dans le ralenti extrême d'une projection filmique hantée par l'arrêt sur image — telle semble bien être la ligne de fuite d'une écriture simonienne dont l'auteur n'a cessé lui-même de confirmer les affinités qu'elle entretient avec les arts de la fabrique visuelle: peinture, pour l'évidence de la matière, et cinéma, pour sa puissance technique de manipulation. Ainsi s'affirme, avec *La Route des Flandres*, une construction romanesque réglée par un plan de montage, dans lequel la touche de couleur identifie chaque être et chaque objet, les transformant en autant de matériaux visuels ouverts à toutes les combinatoires. La richesse thématique du texte, sa capacité à étendre, croiser, démultiplier les fils narratifs — donnés comme autant de réseaux mémoriels — semblent tenir à la singularité d'une démarche qui procède par "tableaux détachés"[1], développant chacun sa pente de visibilité, et librement ordonnables selon la logique multiple de la contiguïté et du faux raccord. La loi du ressassement, revendiquée par Claude Simon, représente alors le moteur d'une création qui serait régie tout à la fois par la répétition obsédante de souvenirs appropriables et l'infinie variabilité qu'engendre une syntaxe du visible si elle s'en remet au lisible. Ainsi l'auteur insiste-t-il simultanément sur l'ancrage vécu de son matériel romanesque — papiers du général, portrait d'ancêtre ou geste suicidaire d'un capitaine de la débâcle — et sur la fonction pivotale d'un oeil qui sera d'autant plus imageant qu'il sera davantage écrit, ou encré: "réa/encré" donc, selon la formule efficace de Mireille Calle[2], par le double pouvoir conjoint de l'écriture, qui fait lever la mémoire, et de l'enregistrement, qui en recueille les traces.

Et pourtant... Le dispositif est convaincant, mais il laisse dans l'ombre une double composante textuelle. Si voir, dans *La Route des Flandres*, serait sans doute le sceau du savoir, la transcription visuelle se trouve systématiquement renvoyée à la ressemblance qu'elle déclenche et qui se retourne contre elle: voir, pour qui raconte son regard, c'est d'abord être pris dans la semblance du voir — il me semblait voir, je croyais voir, j'ai pu voir. La modalisation s'insinue dans l'acte de la vision, elle s'interpose entre l'oeil et l'objet, suscitant alors l'expansion de chaînes métaphoriques, qui ne peuvent faire voir qu'en plaçant les choses vues sous le signe du comme, et donc du déjà vu: comme lorsque j'avais vu, comme un cavalier de plomb, comme les bonnes qui se jettent sous le métro, comme on en vend dans les foires, comme dans un de ces vieux films surexposés... Comment

[1]Claude Simon, "Note sur le plan de montage de *La Route des Flandres*", dans *Claude Simon: Chemins de la mémoire*. Textes, entretiens, manuscrits réunis par Mireille Calle, Le Griffon d'argile/ Presses Universitaires de Grenoble, 1993, p. 185 sq.

[2]"L'inlassable réa/encrage du vécu". Entretiens avec Claude Simon, *ibid*. p.3-25. J'utilise ici plusieurs remarques extraites de ces entretiens.

savoir, ou plutôt que savoir, lorsque le voir s'enfuit en s'énonçant: "et une dernière fois je le vis [...], quelque chose comme la scène vide d'un théâtre [...], et je ne le vis plus"[3] — le théâtre fait le vide dans une vision qui n'est jamais qu'une prise ou plutôt une re-prise de vue. Car il se pourrait bien que cette figure déceptive, dans laquelle l'annulation est à la mesure de l'exacerbation, soit solidaire d'un autre mécanisme, également observable avec *La Route des Flandres*, celui qui lie la prescription du regard à un effet de réécriture transtextuelle, faisant du ressassement la mise en oeuvre d'une répétition proprement scripturale.

Parmi les multiples lignes mémorielles auxquelles souscrit *La Route des Flandres*, il en est une qui déplie d'abord la seule mémoire d'un texte à réécrire: *Le Cheval*, micro-récit publié en revue deux ans avant la parution du roman[4] et où se trouve raconté, sur un mode continu, l'épisode de la grange que *La Route des Flandres* disperse au vent de ses trois parties sans effacer complètement la chronologie de l'ensemble: chevauchée nocturne de la colonne, halte d'un jour dans un hameau, le temps de veiller un cheval mourant et d'entendre les échos embrouillés d'une histoire d'inceste villageois, départ au petit matin, une fois le cheval mort et la pluie revenue. Certes la nouvelle, comme la dominante du roman, appartient au récit mémoriel de la guerre; mais sous sa forme condensée elle rend lisible l'entrecroisement de deux chaînes narratives, dont *La Route des Flandres* démultipliera l'impact et l'amplitude: d'un côté — relevant du seul registre de la voix — les Atrides de village, abyme et moule du trio Corinne, Iglésia, de Reixach, comme aussi bien des rêveries fanstasmées sur l'ancêtre au portrait; de l'autre, donnant son titre au récit, l'agonie d'un cheval étendu sur le flanc, couché comme "Maurice", l'ami malade du narrateur, et dont seul l'oeil semble vivre

[3]*La Route des Flandres*, Minuit 1960, Collection "double", 1987, p. 290-291. Toutes les citations suivantes du texte, notées *RF*, seront extraites de cette édition de poche.

[4]*Le Cheval*, *Les Lettres Nouvelles*, numéros 57 (p. 168-189) et 58 (p. 379-393), février et mars 1958. Les références notées ici I correspondent au numéro 57, celles notées II au numéro 58. La répartition sur les deux numéros ne coïncide pas avec le découpage ternaire de la nouvelle (numéro 57: brève partie 1 - l'arrivée - et première partie de la longue partie 2 - la halte; numéro 58: fin de la partie 2, et brève partie 3 - le départ).

encore; et la condensation de la nouvelle, jointe à la linéarité de son déroulement, accuse ainsi le partage entre une ligne vocale où se fabriquent les histoires en miettes — bruits de drames commentés en bribes parodiques de dialogues — et une ligne de la vue elle-même disruptive, approchée et refusée, captée par le regard du cheval, cette figure éponyme d'une vision dont *La Route des Flandres* ne cesse de réécrire l'exclusion qu'elle suppose.

"Enorme, douloureux, terrible" (*Cheval*, I, p. 182), l'oeil du cheval détient le regard; mais de la source de la vision rien ne sera visible, "comme s'il avait déjà abandonné le spectacle de cet univers pour retourner son regard, se concentrer sur une vision intérieure" (*Cheval*, II, p. 379-380). A l'intériorité dérobée répond l'extériorisation obligée d'une perspective selon laquelle l'oeil, vu au lieu de voir, sert de miroir à qui [s'y] regarde: "et reflétés par la surface luisante et bombée, je pouvais nous voir, nos trois silhouettes déformées en demi-cercle se détachant sur le fond lumineux de la porte de la grange" (*Cheval*, I, p. 182). Si l'image se dessine avec la netteté d'une projection, il ne s'agit là que d'une vue réfléchie, dont le mécanisme optique échappe au contrôle du sujet regardant: "C'était comme si maintenant il regardait à travers nous quelque chose que nous ne pouvions pas voir, nous dont les images réduites continuaient toujours à se refléter en ombres chinoises sur le globe humide..." (*Cheval*, II, p. 379-380). La possibilité de voir s'est changée en négation de la vision; et le déploiement de l'image, fixée sur la rétine d'un oeil étranger, propose simultanément le retrait du regard et le devenir-image de ce qui tenterait de regarder.

Par sa structure simplifiée, par le fléchage d'une micro-figure emblématique, *Le Cheval* exhibe la perversion d'une vision vouée à la division: l'oeil est dans la chose, mais la chose ne renvoie que le dehors de la vue; loin de tout chiasme merleau-pontyen, le récit de Claude Simon ne raconte pas l'échange du monde et du regard; il montre au contraire comment la place du regard est toujours déjà prise pour un sujet de perception qui ne verra jamais — dans le renvoi de son reflet en abyme — que le manque à voir de tout regard, à commencer par le sien propre, happé dans l'oeil où il se voit. Plus largement *Le Cheval* décompose, à travers les trois parties de la nouvelle, les trois temps d'une machinerie réglant le jeu de la visibilité selon Simon: noir initial — "Tout était noir"; brusque apparition lumineuse — la fille laiteuse, génératrice d'une image persistante, qui disparaît dans "l'antre humide et noir" du sexe rêvé (*Cheval*, I, p. 175); et lorsque l'oeil enfin se donne à voir, en pure machine de réflexion visuelle, le voile s'étend sur la vision, "comme un brouillard légèrement bleuté" ou encore comme "taie" recouvrant des yeux qui ne voient pas: "orbites vides" pour les chevaux morts chargeant en aveugles (*Cheval*, II, p. 382), "prunelles bleu pâle, presque blanches, comme liquéfiées" de la "goyesque vieille" (II, p. 385), ou "voile gris, presque opaque" que la pluie interpose comme un "rideau" devant le regard (II, p. 387). Leçon d'optique, *Le Cheval* expose le trompe-l'oeil d'une vision qui, devenue monoculaire à force de se réfléchir, ne donne plus à voir que le retournement de l'oeil sur sa propre rétine: "terrible regard de cyclope myope", où le sujet, devenant reflet, se trouve dessaisi de tout pouvoir sur son propre regard. Le mécanisme est encore proustien, qui fait tourner les plaques de la lanterne à illusion; mais la conscience ne l'assume plus, et l'imagerie se retourne contre le voyeur, qu'elle transforme en conscience imagée, sans maîtrise imageante.

Si la vision, dans *La Route des Flandres*, est toujours déjà vue — fixée dans le cliché, qui l'aplatit, ou dans la métaphore, qui la propulse ailleurs — c'est qu'elle appartient à cet oeil du cheval, dont le regard détient et détourne la possibilité de voir. Loin de combler le vide, la réécriture s'attache à l'expansion du processus, brisant le récit porteur, démembrant la continuité narrative pour en projeter les éclats, rompus et repris, dans une masse textuelle gonflée de greffes. On retrouve, dans *La Route des Flandres*, à peu près la totalité du *Cheval*, identifiable par pans entiers et cependant méconnaissable, parce que saisie dans le réseau des "lignes brisées" (*RF*, p. 282) qui s'interrompent et se brouillent mutuellement. Le voile s'étend sur la langue: suppression des aoristes (le cheval ne "mourut" pas, mais il "était mort" pendant la nuit), atténuation des adjectifs (le regard terrible se fait douceur), effacement des assertions directes remplacées par des déictiques désancrés ("cette fille" dès sa première apparition, "ce petit juif" au lieu de "Maurice était juif"), amplification et volatilisation des phrases rendent à cette histoire l'opacité et la disponibilité de matériaux prêts au réemploi, d'autant plus libres pour le montage que la mise en récit aura déjà eu lieu. Mais si *Le Cheval*, répété, ne se raconte plus comme tel, il oeuvre d'autant plus au désoeuvrement de l'ensemble, travaillant sourdement les autres lignes du texte en y disséminant ses propres traces. L'infiltration est d'abord thématique, lorsqu'elle place chaque nouvelle figure sous le signe chevalin: homme-cheval, depuis de Reixach jusqu'à l'ancêtre lointain, femme cavale ou centaure (100 ou sans tête? en tout cas sans visage), devenir-cheval du narrateur lui-même broutant l'herbe du fossé — "c'était [...] commme s'il n'y avait plus qu'un seul cheval" (*RF*, p. 296); mais ce cheval unique est en même temps multiple, se gonflant de régiments entiers et de cavaliers en déroute, ou, plus radicalement, doublant l'agonie du cheval mourant dans le cadavre d'un cheval déjà mort, point focal, on le sait, d'une trajectoire circulaire qui fait tourner le narrateur — et le texte — autour d'une même carcasse en décomposition. Mort à venir et pourtant déjà advenue, la figure chevaline annule le temps en éparpillant l'événement. A la fois érotique et funèbre, véhiculant la contamination des sexes et des espèces, elle concentre en elle l'impossibilité de saisir, avec l'instant de la mort, le moment où le sujet retrouverait l'identité dans le regard.

La place est déjà prise, mais elle n'est plus constituable. L'oeil est partout présent, grand ouvert, mais fixé sur l'événement absent: Wack mort, la tête en bas, les yeux ouverts, le trou rouge au visage du portrait, les lunettes réfléchissantes du père disparu, les énormes jumelles d'Iglésia — tels les yeux saillants et à facettes des mouches — projettent et dispersent dans le texte le leit-motiv d'un oeil à la fois exorbité et opaque, ne voyant rien mais reflétant parfois, barrant la vision et venant même se réfléchir comme un appendice étranger lorsqu'on découvre dans la glace "nos yeux aux bords trop roses" (*RF*, p. 41). Voir ses propres yeux, c'est cesser de voir avec eux. Occupant le cadre visible, obturant la profondeur du champ, l'organe de la vue menace d'aveuglement le narrateur lui-même, dont le regard fait défaut à la voix.[5]

Par le circuit des yeux, reflétés ou vides, prothétiques ou figés, comme par la prolifération exponentielle des corps-cheval, *La Route des Flandres* injecte *Le Cheval* dans la totalité du corps textuel,

[5]Je croise ici l'analyse de Michel Deguy, indexant, dans *Le Palace*, le rapport entre émergence de l'image et disparition de la chose ("Claude Simon et la représentation", *Critique*, numéro 187, 1962). Ce que Deguy relie à une horreur devant l'Histoire dont le regard se trouve ex-orbité appartient également, et peut-être d'abord, à une logique de la vision que la guerre rend visible et que la réécriture exacerbe en la retournant sur soi.

alors même que la composition du roman fragmente et disperse les noyaux de la nouvelle. Rigoureuse, l'opération de la réécriture mise donc à la fois sur la dislocation structurelle et sur l'augmentation de la charge indicielle, comme si le démembrement du texte écrit pouvait seul libérer, dans le texte s'écrivant, la puissance d'érosion visuelle contenue par le récit passé. L'enjeu éclate dans les dernières pages du roman lorsque s'affiche, avec la division de la vue entre tireur embusqué et narrateur simple suiveur, l'impossibilité de clore le "cercle", que la réécriture a pourtant substituée, dans une retouche minuscule, au "demi-cercle" réfléchi par l'oeil du cheval[6]. Pour refermer la figure circulaire, connaître à la fois l'avant et l'après, arrêter le temps et l'image, "il aurait fallu que je sois aussi celui-là, caché derrière la haie, le regardant s'avancer" (*RF*, p. 279). La place du tueur — celle de l'oeil — est occupée, comme l'est aussi celle du mort; mais seul de Reixach, au "centre" du cercle, aurait pu voir sa mort venir, pour peu qu'un improbable jeu de glace "à plusieurs faces" (*RF*, p. 296) lui eût permis de se voir lui-même dans le regard de son assassin. La maîtrise du regard n'appartient qu'à la mort — au cheval, mais il est désormais déjà mort; et l'impossibilité de mourir soi-même ramène toujours vers l'autre — vers l'oeil de l'autre — l'instant où la vision possèderait "la totalité du monde visible", que la réécriture a maintenue dans l'oeil mourant du cheval (*RF*, p. 123), comme pour en désigner l'invisibilité constitutive. La clôture totalisante, le raccordement des "deux moitiés" de l'orange (*RF*, p. 295) sont à la fois évoqués et refusés par *La Route des Flandres*: pas de passage de l'autre côté du miroir, pas d'arrêt possible sur l'image, tel est l'arrêt d'une mort qui possède seule la plénitude du regard, mais oppose à toute tentative de vision subjective le renvoi en abyme d'un oeil-mirage, par où la vue, et le sujet, s'échappent. Le désastre de la guerre sera donc celui d'une mort omniprésente et cependant inaccomplie. Et la multiplication de l'oeil ne fait que propager la fracture originaire d'un regard que seule la réalisation de l'événement mortel aurait pu réconcilier avec lui-même.

Réglé symboliquement par le rappel du cheval, l'exil de la vue pénètre désormais l'ensemble du texte, ruinant les figures au fur et à mesure de leur trace, atteignant, — débusquant — le travail même de l'écriture. La division rejaillit sur la voix. Interdit de vision, parce

[6]Voir le tableau de quelques concordances donné en annexe.

qu'interdit de mort, le sujet narrant cède à l'expropriation que son désir de voir ne cesse de réfléchir: dans le devenir *il* de *je* — dans l'effraction vocale qui commence, chez Claude Simon, avec *La Route des Flandres* — on verra d'abord le renoncement à une perspective personnelle, que *Le Cheval* avait laissée régir le récit. Comment dire en je ce qui m'entraîne à redire? Mais ce nouveau roman refuse aussi bien l'impersonnalité achevée que la personnalisation perpétuée: ni en *il* ni en *je*, saisie dans l'attirance d'une troisième personne qui ouvre le texte et qui détient la lettre ("*Il* tenait une lettre à la main..."), la narration de *La Route des Flandres* affiche d'abord l'éclatement d'une posture prise entre la sollicitation de voir ("derrière lui je pouvais voir [...]" *RF*, p. 9) et le dessaisissement de la vision[7]: "puis il cessa de se demander quoi que ce fût, cessant en même temps de voir [...]" (*RF*, p. 28). *Je* ne devient jamais tout à fait *il*, car à le devenir pleinement il risquerait de souscrire à l'omniscience du point de vue, faisant de *il* un autre *je* potentiel: Ramenant ainsi la troisième personne, dont Blanchot rappelle qu'elle n'est pas une personne[8], à l'addition de regards personnalisables par quoi se raccorderaient les deux moitiés de l'orange: "moi l'envers et lui l'endroit" (*RF*, p. 295). *Je* sera donc à la fois *il* et *Georges*, où l'on lira, parmi d'autres incitations paragrammatiques, ce "je hors je" vers quoi l'exclusion du regard ne cesse d'entraîner la voix. Mais on y verra aussi, presque au centre du nom et cependant pas tout à fait axiale, la figure circulaire tracée par une lettre riche d'avenir, initiale à la fois de l'*o*eil et de l'*o*range, en qui la forme se referme, mais dans la dispersion du mot.

Avec le nom de Georges, la lettre rouvre le cercle au moment où la figure le donne pour accompli. Exacerbant la déchirure de la

[7]Est-ce un hasard si la première occurrence de "Georges" remplaçant "je" se produit après la première vision qu'a "je" du cheval mort, plus précisément de "ce qui avait été un cheval" (*RF*, p. 25)?

[8]La troisième personne ne cessera d'être une personne qu'en renonçant à reconduire le point de vue de ce que Blanchot appelle "la conscience circonspecte" (*L'Entretien infini*, Gallimard, 1969, p. 563). Mais ce renoncement n'advient qu'à ne pas s'achever: en témoigne le roman simonien, chez qui la personne, plus intervallaire qu'intermédiare, oppose à chaque posture d'énonciation l'attrait d'une autre posture, d'une imposture, qui l'éloigne de toute "circonspection narrative" maîtrisée.

vision — *je* devient *il* sans voir pour autant ce que *il* pourrait voir — la réécriture opérée par *La Route des Flandres* fait passer l'écriture jusque dans l'orbite oculaire: ajoutant des "parenthèses" — cet emblème du texte simonien — aux silhouettes reflétées par l'oeil du cheval (*RF*, p. 63) et faisant de l'oeil lui-même le vecteur de métamorphoses par où la vue se retire en se changeant en signe sans que jamais pour autant l'échange ne se fixe. L'oeil, on le sait, devient sexe dans *La Route des Flandres*, indifférement féminin — "un oeil vertical fermé entouré de cils" (*RF*, p. 260) — ou masculin: "à la fois bouche muette et oeil furieux et mort aux bords rosis (*RF*, p. 274). L'oeil aveuglé du sexe abolit une différence sexuelle que déjà la ressemblance avait entamée: en devenant "Blum", de "Maurice" qu'il était depuis *La Corde raide*, l'ami malade comme le cheval assume à la fois le nom du juif et celui de la fleur, qui relie "son étroite figure de fille" (*RF*, p. 38) au corps même de Corinne, éponyme de tout corps érotique. Mais ce qui relève du simple pictogramme lorsqu'on s'en tient aux dessins des casernes — un signe recouvrant une figure — devient un hiéroglyphe complexe — où est le signe et où est la figure? — lorsque l'échange de l'écriture s'empare des figures mêmes de la vision voilée, s'inscrivant en particulier dans le mouvement récurrent du rideau sur lequel vient buter le regard en quête de vision: un de ces rideaux de filet bon marché, à peine esquissé dans *Le Cheval*, et dont *La Route des Flandres* fait éclore le motif sous la forme du paon à la longue queue retombante (*RF*, p. 248). Au fur et à mesure que le texte rejoint le coït ininterrompu porté par le corps de Corinne — vecteur et source de la logorrhée mémorielle — la queue du paon se fait "chamarrée d'yeux" (*RF*, p. 248), se change en "cygne", mais, sans Léda visible, devient pur indice de signe: "le paon palpitant [...] en forme d'S" (*RF*, p. 254). Détournement d'un fragment proustien, écho lointain aussi d'un dieu où la totalité se meurt, cliché sexuel et trace déniée d'un neutre en puissance, le paon — attribut circéen — combine en ses métamorphoses le dépli simultané de la lettre et de l'oeil: figure de l'écriture, certes, mais d'une écriture où la figure, sous la forme démultipliée de l'oeil, fait barrage à la vision qu'elle suscite. Remonter vers le corps de Corinne — oeil-sexe, sexe-signe, signe où se défait l'identité et de l'oeil et du sexe — c'est donc en venir à l'origine scripturale que le texte s'est donnée pour objet; mais le paradoxe, essentiel, tient à ce que l'écriture ne s'affirme qu'en recouvrant la réécriture où elle se fonde:

reprenant et masquant le cheval — cyclope dans l'expansion métaphorique d'une parade orbitale d'autant plus contrainte à s'écrire, se récrire, qu'elle relance la vision du geste même dont elle la retient.

Pourquoi faire ainsi passer un texte en l'autre? Et comment relier le passage de la réécriture et la passe de l'oeil dans l'écriture? Evitons d'abord un malentendu. Dûment répertoriée, la parenté des deux textes n'offre rien d'un secret à découvrir. *Le Cheval* n'est pas l'origine dissimulée de *La Route des Flandres*, et la proximité des dates de publication pourrait rendre l'application réversible, comme si l'un n'était jamais qu'une variante de l'autre, épure ou épopée, mais tous deux achevés, et tous deux rompus par la pluralité des lignes: le texte simonien se fissure dès l'origine, et la reprise textuelle ne fait qu'accroître, sans l'inventer, une disjonction déjà repérable dans le texte initial, où une histoire se (re)dit tandis qu'une autre se (dé)figure, sans rejoindre la première. Toujours éclatée, l'histoire a toujours lieu ailleurs; et le non-raccordement de la parole et de la vision, du savoir et du voir, tient à l'impossibilité originaire de faire coïncider la vue et l'événement. Aussi la mise en regard des deux versions ne résout-elle aucune énigme: pas de voile à lever, mais bien plutôt un principe de voilement à dévoiler, à travers l'ombre portée que le texte réduit projette sur le texte amplifié qu'il double en amont.

A suivre comme on l'a fait les fils croisés de la vue divisée et du texte récrit, ce n'est donc pas la progression, mais bien la réflexion potentielle de l'oeuvre qu'on a voulu reconnaître. Exemplaire, inaugurant d'ailleurs une longue chaîne de reprises, le dédoublement a permis de rappeler qu'entre la vision — fût-elle ancrée dans la mémoire — et l'écriture, si acharnée qu'elle soit à montrer, un écran s'interpose, qui fait obstacle au regard: l'écran de la mémoire, qu'évoque le narrateur simonien, indexe d'abord l'écran d'un texte déjà écrit, qu'il s'agit à la fois d'effacer et de retracer. Texte à déplier, déchirer ou plier, telle la lettre de la mère que de Reixach détient à la première ligne de *La Route des Flandres* , et qui ne cesse, dès la première page, de déposer les traces textuelles qu'elle recèle: "chiens dévorants", "peut-être en souvenir" — le souvenir est ici racinien, qui dissémine le nom occulté de Jézabel, catalyseur de *je*, du sabre, de Sabine, ou d'un(e) el(le) indifférencié; mais l'intertextualité signalée recouvre une intratextualité plus oblique, et sans doute plus active, parce qu'elle relève de l'auto-oblitération. On n'écrit jamais qu'avec et sur des textes déjà écrits, à commencer par les siens propres. Le réancrage est en réalité effacement des amarres personnelles[9], puisque ce n'est pas dans la reprise du vécu, mais bien dans la rature que *La Route des Flandres* viendra puiser la ressource d'une relance scripturale, que l'on pourrait faire remonter, à la limite, de la dernière page de *L'Acacia* à la première de *La Corde Raide*, où veille "l'acacia multiple".

Non présente à soi-même, mémoire d'un autre texte absent, l'écriture est réécriture, laissant affleurer parfois les traces du palimpseste où elle se défait. Mais la loi de Blanchot s'inverse en Claude Simon, chez qui la réécriture devient matière et comme tremplin pour rendre à l'écriture sa force de visibilité. On soulignera ici l'autre aspect du paradoxe simonien: plus la vue s'épuise à se dire, plus l'écrire s'exhibe en figurant ses propres signes. En ce sens le détour du *Cheval*, associant la désintégration à la répétition, désigne un point nodal de la recherche à l'oeuvre chez Claude Simon: de la nouvelle au roman, l'épanchement visuel va de pair avec l'explosion structurelle, comme si la réécriture, à force d'agrandir les vides, d'accroître les hiatus, d'ouvrir la voie au dehors, ne laissait plus passer que le double mouvement contraire d'une expansion auto-destructrice, par où l'image s'écrit d'autant plus qu'elle s'enfuit davantage. Si le déjà vu masque un déjà écrit, le réécrit retourne la vue sur ce qui la retient, dévoilant ainsi l'écrire à l'oeuvre dans le voir. L'extrême attention portée à l'angle comme au champ de vision,

[9]On notera que *Le Cheval* indexe, comme source potentielle de *La Route des Flandres* et à l'exclusion de toute référence à de Reixach si souvent invoqué, la seule trace de l'ami - Maurice/Blum - dont il préfigure la mort: "Ce petit juif que tu avais retrouvé" (*RF*, p. 91), "Blum qui était mort depuis plus de trois ans maintenant" (*RF*, p. 88), "peut-être étais-je toujours en train de lui parler, d'échanger avec un petit juif maintenant mort depuis des années..." (*RF*, p. 262). Absente de *La Corde Raide* (où seul l'épisode du wagon est évoqué), la mort de "Maurice" reste à venir dans *Le Cheval*, celle de "Blum" a déjà eu lieu dans *La Route des Flandres*, qui la redit en la raturant; ne subsiste alors que le fantôme d'une voix sans visage, ou d'un visage sans regard, narrataire qui double en écho le narrateur et semble l'entraîner dans un interminable et dérisoire dialogue des morts.

Claude Simon a nettement imputé la mort de de Reixach à un souvenir personnel de la guerre, mais n'a jamais donné d'indication sur l'origine de cette figure de Maurice/Blum, qui ne se forme qu'en réécrivant et ne se développe qu'en s'effaçant: cf. les quelques traces défigurées qui subsistent ensore dans *L'Acacia* (p. 225-232).

l'accumulation accélérée ou au contraire trop ralentie de vues qui s'étirent et se fondent l'une en l'autre, l'acharnement verbal à capter visuellement "l'innommable-réalité" — par ajouts, empilage, rectifications, surimpression, extension suspensive, éclipse et recommencement — recouvrent l'image en y inscrivant le seul tracé d'une vision d'autant plus déroutée qu'elle ne cesse de se reprendre. Que voir alors, si ce n'est l'écriture où s'épanche la vue? Voir les mots, comme le dira la préface à *Orion aveugle*, et désavouer en eux la vision.

L'auto-réflexion de l'écriture, qui éclate avec *La Route des Flandres*, est solidaire d'une narration que la réécriture libère du soin de faire image, puisqu'aussi bien l'image est déjà là, déjà écrite, voire déjà peinte, et donc dessaisie dans une autre vue, étrangère à la voix focale. Si *Le Cheval* énonce la règle de l'oeil, c'est à titre d'emblème qu'une version narrative, attachée à montrer, peut laisser se former; s'écrivant désormais dans la mémoire de l'écrit, donc dans la ressemblance de traces, *La Route des Flandres* dénoue la figuration pour n'en plus figurer, en l'étendant à perte de vue, que la loi d'exclusion qu'elle retrace. Ecrire, serait-ce voir qu'on ne voit pas? La vitalité du texte simonien, sa force d'accroissement, tiennent pourtant au refus d'arrêter le regard sur l'image accomplie en aucun tableau détachable. La place vide reste toujours à encercler, sans la prendre, et sans non plus la laisser se vider; à saturer, mais en écartant le raccord comme le renoncement: négativité singulière, où s'engendre la torsion d'un regard qui ne regarde jamais que le retournement du regard. Négatif de l'image, l'oeil du cheval indique ainsi l'envers textuel d'un texte dont il n'existe nul endroit.

ANNEXE

Voici trois exemples de la réécriture à l'oeuvre dans l'oeil du cheval (*c'est moi qui souligne certains termes*):

Le Cheval	*La Route des Flandres*
1) "*Seul l'oeil* semblait vivre encore, énorme, douloureux, terrible, et réflétés par la surface luisante et bombée *je pouvais nous voir*, nos trois silhouettes déformées *en demi-cercle*, se détachant sur le fond lumineux de la porte de la grange *dans une sorte de brouillard* légèrement bleuté, comme un voile, une taie qui déjà semblait se former, embuer *le terrible regard de cyclope myope*, intolérable, affreusement doux, affreusement accusateur." (I, p. 182)	*Il n'y avait que l'oeil* qui semblait vivre encore, énorme, triste, et dedans, sur la surface luisante et bombée, *ils pouvaient se voir*, leurs silhouettes déformées *comme des parenthèses* se détachant sur le fond clair de la porte *comme une sorte de brouillard* légèrement bleuté, comme un voile, une taie qui déjà semblait se former, embuer *le doux regard de cyclope*, accusateur et humide." (p. 63)
2) "*Mais l'oeil ouvert ne semblait plus maintenant contenir* ni reproche, ni accusation. Non qu'apparemment il cessât de nous fixer, mais c'était comme si maintenant il regardait à travers nous *quelque chose que nous ne pouvions pas voir, nous dont les images* réduites *continuaient* toujours à *se*	"*l'oeil velouté, immense, reflétant toujours le cercle des soldats* mais comme s'il les ignorait maintenant, comme s'il regardait à travers eux *quelque chose qu'ils ne peuvent pas voir, eux dont les silhouettes* réduites *se dessinent en surimpression* sur le globe humide comme à la

refléter en ombres chinoises sur le globe humide comme dans une de ces boules mordorées qui semblent résumer, aspirer dans une perspective déformante, vertigineuse, engloutir en elles la totalité du monde visible, comme si'il avait déjà abandonné le spectacle de cet univers pour retourner son regard, se concentrer sur une vision extérieure...." (II, p. 378-379)	surface de ces boules mordorées qui semblent accaparer, aspirer dans une perspective déformante, vertigineuse, engloutir en elles la totalité du monde visible, *comme si le cheval avait déjà cessé d'être là*, comme s'il avait abandonné, renoncé au spectacle de ce monde pour retourner son regard, le concentrer sur une vision intérieure [...]" (p. 122-123)
3) "Le cheval *mourut* dans la nuit et *nous* l'enterrâmes au matin dans un coin du verger dont les arbres aux branches noires, presque dépouillées de leurs feuilles, s'égouttaient dans l'air humide." (II, p. 387)	"le cheval *était mort* pendant la nuit et *nous* l'enterrâmes au matin dans un coin du verger dont les arbres aux branches noires *vernies par la pluie* presque complètement dépouillées de leurs feuilles *à présent* s'égouttaient dans l'air humide." (p. 255)

TABLE DES MATIÈRES

Imprimerie de la Manutention à Mayenne — janvier 1995 — N° 5-95